社会科学研究方法

陈志新 —— 编著

齐鲁书社
·济南·

图书在版编目（CIP）数据

社会科学研究方法 / 陈志新编著. -- 济南：齐鲁
书社，2024.9. -- ISBN 978-7-5333-5027-7

Ⅰ.C3

中国国家版本馆CIP数据核字第20241QT470号

策划编辑　赵自环
责任编辑　孙本民　张敏敏
装帧设计　亓旭欣

社会科学研究方法
SHEHUI KEXUE YANJIU FANGFA

陈志新　编著

主管单位	山东出版传媒股份有限公司
出版发行	齐鲁书社
社　　址	济南市市中区舜耕路517号
邮　　编	250003
网　　址	www.qlss.com.cn
电子邮箱	qilupress@126.com
营销中心	（0531）82098521　82098519　82098517
印　　刷	山东华立印务有限公司
开　　本	880mm×1230mm　1/32
印　　张	7.75
插　　页	2
字　　数	160千
版　　次	2024年10月第1版
印　　次	2024年10月第1次印刷
标准书号	ISBN 978-7-5333-5027-7
定　　价	56.00元

总　序

　　我生于 1967 年，1987 年考上大学，学习图书馆学专业。在图书馆工作 5 年之后，我考上图书馆学分类法方向的研究生，再次工作已经 31 岁了，来到北京师范大学从事图书馆学专业的教学和科研工作。

　　2014 年，我到北京师范大学珠海分校（今珠海校区）工作，2016 年重回北京师范大学（北京校区），我却不能给大学生上课了。这如同农民不能下地种田，工人不能进厂做工，学生不能上学一样，我既震惊又茫然，竟一时无所适从。

　　2017 年，我 50 岁，心里掂量着未来，便开始重新规划退休前的十年。我决定不再专注于自己陪伴了 30 年的图书馆学专业，不再局限于图书馆学专业教育和科研，打算从事基础和普及性的工作，服务更多数、更广泛的大学生和研究生，将心思和精力用于通识课（一些大学称为"博雅课"）的教学上来。

　　北京师范大学研究生院提倡方法论教学，我为此积极准备

《社会科学研究方法引论》课程。研究方法课程，角度狭窄，将这个课程准备得差不多后，我马上又转移到包含一切社会科学的《社会科学概论》课程。大学生关心恋爱、婚姻、家庭，这也是属于年轻人即将要经历的重大事项啊。结合自己的婚恋、家庭和养儿育女经历，我也把这门课程准备好了。

一门《社会科学概论》课程，要把哲学、逻辑学、伦理学、美学、心理学、宗教学、社会学、人口学、管理学、民族学、人类学、政治学、法学、军事学、经济学、新闻与传播学、图书情报学、教育学、语言学、文学、艺术学、历史学等通通都讲一下；《社会科学研究方法引论》和《恋爱、婚姻、家庭》课程也涉及很多。三门课程，内容如此丰富，跨度如此之大，我事先又没有相关方面的基础和准备，只能通过阅读大量文献，将我认为适合课堂上给大学生讲述的内容，转录进我的讲稿里。所以，三本书里展示的几乎一切题目和问题，以及对几乎一切题目和问题的论述和阐述，完全不是我的智力劳动，更完全不是我的创新和创造，我只起到了一个蜜蜂的作用，采取百花，搬运蜜糖，转给学生。这些被我采摘过的文献，在每本书的最后，都被标注成参考文献，特别感谢各位前辈作者们！书目里列举的书籍，使用情况不一：有的书籍，能从中连续选出几十个问题；有的书籍，仅能选出一两个问题；有的书籍，虽然列举了，却完全没有从中直接选取任何东西，但或许在某种程度上影响了我的备课。

我在备课中，每一门课程都要在几个月最多半年之后的时间里给学生讲出来，很匆忙。当时，我单纯为了讲课，根本没有出版的计划，完全不用考虑知识产权的问题，这样，备课引用其他著作的时候，也没有标注出处。正式讲课之后，才生出了出版的念头，再想回过头来认真标注材料的出处，已经不可能了。于是，我把讲课过程中产生的自我发挥和自我联想，穿插进已经采摘来的材料之中，尽量重新酿造一下：改动几处字词，调整一下语句，做一点评述，加入一点自己的理解。这些整理、发挥、补充、改变、润色，不可否认，有避免侵犯著作权的因素，但最终目的绝不是为了掩盖原始素材的真实来源，真实来源我不想掩盖也无法被掩盖。引用比较多、印象比较深的十几本书，我现在还能清晰地记忆，在正文中予以郑重说明，在文末参考书目列表中再次标注出来。另外，零散引用或者记忆不清的，只能列在整部书后面的参考书目里，并予以标注。"天不生仲尼，万古如长夜。"智慧师长贤达，浇灌鄙人小书，躬身叩首，万分感谢！

除了大量摘录正式出版物，我还找出了1995—1998年在北京大学念书时候（主要是1996年）的听课笔记，一些内容亦被摘录进《社会科学概论》里，甚至也影响到《社会科学研究方法引论》和《恋爱、婚姻、家庭》两门课程的备课和写作。3年北大硕士研究生的学习，我有一半的时间用于养病，真正有效的学习时间才一年半。但是，在这一年半时间内，我的收获依然巨大。草蛇灰线，伏脉千里。那个时候，我除了完成图书馆学专业的学习，还大量选修了北大文史哲等各个学科的课程。没想到30年后，竟然还能派上用场啊！这部分笔记，我也列入参考书目之中，一些课程，没能留下老师的名字；我所记下的名字，也许亦有讹误。我的专业课老师，后来一直能见面，常来常往。旁听课的老师，在我从北大毕业之后，就很少见到了。感谢北大，感谢母校，我是您万千儿女之一，无限感激，无限荣耀！

2017年以来，我在《社会科学概论》《社会科学研究方法》和《恋爱、婚姻、家庭》三门通识博雅课程的准备时期，发生了持续三年的新冠疫情以及我家第三个孩子出生等牵扯时间和精力的诸多事情，我的备课和写作工作，时断时续，时快时慢。今天，三本书以"陈志新通识课"的形式统一出版，万分欣慰，万分感谢！

含纳整个社会科学的概论课程和概论书籍，不同于专门学科的原理课和概论课，不追求系统性，不追求面面俱到。系统性和面面俱到，既无可能又无必要。方法论方面以及婚恋家庭方面的课程素材和书籍素材，只能通过大量阅读的办法获得。被阅读书籍作者的综合水平远超于我的，阅读的时候，整本书持续震撼着我；水平一般的，一部分内容依然震撼着我；水平低于我的，我从头看到尾，毫无感觉，它们不能为我的讲义和因之加工的书籍增添任何素材。我应该继续按学科，坐在图书馆按类排列的书架边，老老实实，大量阅读，最好博览群书，把那些看后让我心灵一动、眼睛一亮的材料，把适宜讲课的部分用问题单元的形式摘录过来，然后，再以学生的感觉和喜好为出发点，二次筛选出尽量能让学生惊讶、喜欢、有感觉、有启发的材料，献给课堂、献给书籍。以后，如果继续出版相关作品，我一定会注意详细标注材料的出处了。总之，活泼的、激动的、热血的、奔腾的知识，属于生活、属于学生、属于兴趣、属于激情。2027 年，我将退休。如果我还能继续这个事情，该段话，写给自己；如果不能，则就写给您了！

北京师范大学：陈志新

2024 年 8 月

前　言

2018 年前后，北京师范大学与其他高等院校一样，普遍倡导给大学生们提供通识教育。大学教育发展到今天，学生人数激增，学科广度和深度加强，强调普遍联系的通识教育是一种必然的发展趋势。

相应的问题也就出现了，知识与方法之间是什么关系？知识与方法可以对立吗？或者是僵硬的知识灌输，或者是空洞的方法训练，知识与方法完全割裂吗？如此而言，通识教育中，方法论教育又是更具基础性和全局性的教育。

我在自己的专业之外，选择"社会科学研究方法"这一主题展开学习和思考，希望拿到讲台上面，给学生们普及研究方法论方面的知识。

我在备课、讲课之余，形成了这本书稿。

尤其格外感谢欧阳康、张明仓两位老师，两位老师清晰的思路、智慧的语言，给我留下了深刻印象。2001 年高等教育出版社出版的欧阳康、张明仓合著的《社会科学研究方法》是对我影响最大的参考书目。

本书介绍了十几种社会科学研究方法，着重讲述每一种方法"是什么"和"为什么"，期望能引起大学生们的兴趣，让他们知道和了解这样一种方法；但对于某种方法的具体操作等详细内容，没再予以介绍。

学生以学为主，以研究为辅。希望这些概要性的知识，能够让大学生们在阅读专业文章和专业书籍的时候，从方法论上面更好地识别原著者的科学研究思路，判别科学知识演进过程中的操作路径。

希望学生们通过本课程的学习以及阅读本书，形成从专业知识之外的角度，即从方法论的角度，拥有掌控各种社会人文科学知识的能力。有了这样的能力，你就相当于可以通过自行车、汽车、轮船、飞机等各种交通工具，遨游智慧世界，巡航知识海洋，抵达彼岸雄峰，而不用再仅靠自己的一双脚来丈量前行的路了。

采用数理方法、计算机和信息技术方法对社会科学予以研究，表现层出不穷，作用大得惊人。另外，社会科学研究方法还包括统计方法、试验方法、分析方法、数据处理、信息化建设等。由于我的知识局限于文科，所以没能对研究方法的诸多方面一一介绍，望读者见谅。

2024 年 4 月 16 日

目　录

content

第一章

启动社会科学研究

一、方法虽固定，情感要热烈

如果一位同学仅仅拥有恋爱的技巧和方法，却没有感情，没有冲动，没有爱的内在本能驱动，没有爱的内在精神驱动，那他是不能谈成恋爱，更不可能促成恋爱的。相反，一个毫无恋爱经历和恋爱经验的"素人"，笨手笨脚，却特别热情、特别痴心、特别痴情，无须方法，照样可以谈成并促成惊天动地的伟大爱情。

虽然本门课程面向本科生，只讲方法，然而仅仅有方法，就可以学习社会科学，就可以研究社会科学吗？答案是否定的。社会科学一定秉承立场、观点，一定带着是非对错和善恶美丑，一定包含着爱恨情仇，一定担当着责任和使命。

关于社会科学中涉及情感爱憎的东西，我们列举一下：

文明之源、爱国主义、民粹主义（满足一切群众的一切需求，民粹主义就会发展为极端主义和分散主义）、共产主义、集体主义、种族主义、意识形态、女权主义、理想主义、消费主义、环保主义、动物保护主义、对待老人的态度以及是否弱肉强食、生育问题、伟大、崇高、英雄、牺牲、政治、诚实、自由、民主、人权、平等、博爱、无私、中华民族观念……

对于上述话题，如果进行研究，大概率情感第一，何谈方法呢？甚至一切的社会科学研究，最开始的躁动、不安、爱恨情仇，是最根本的、最重要的，接下来才涉及怎么使用研究方法以及具体使用什么方法。

二、什么是科学?

科学是知识体系。科学是人类社会现存的各类知识体系的总称，涵盖了人类认识进步的一切成果。零散的知识，尚处于科学的萌芽状态，不被称作科学。只有系统的且拥有前因后果的连续的知识，才被称作科学。系统性和体系性是自然科学和技术科学的主要特征。

科学是方法手段。理解我们自身，理解我们生活的外部世界，人类认识世界和解释世界，都有方法，方法自然是科学的有机组成部分。

科学是思维方式。科学不只是获得知识的手段，还是审视和思考的方法。养成一种独创精神和自由探索精神，比科学本身的价值更大。思维方式和思维能力可以说是最重要的科研方法。利用活跃和健全的思维，可以攻克人类发展征途上的诸多艰难险阻，可以解决人类所面临的诸多问题。

科学是探索过程。科学不等于真理和结果，人们获得真理和结果的探索过程，也属于科学的有机组成部分。这是科学的实践属性和过程属性。

科学是思想文化。科学不仅体现在系统化知识和有据可查的资料中，还表现在那些潜移默化的、悠久流传的习惯、风俗、文化、思想中。这是人文科学和社会科学的主要特征。人类的文明史往往以技术和自然科学的发展进程为划分依据，比如旧石器时代与新石器时代，第一次工业革命与第二次工业革命，但是从总体而言，自然科学和技术科学对人类的风俗、习惯、思想、文化和文明的影响力要弱于社会人文科学。人们往往是在进行科学研究之前就受当时思想文化的影响，而进行科学研究之后形成的科学研究成果亦将影响思想文化。风俗习惯、思想文化与科学研究相互交织，不可分割。

三、以足球守门员为例谈科学研究的样式和目标

（一）描述

经统计分析，一般而言，守门员超过 90% 的情况会扑向左边或右边，只有不到 10% 的情形，才站在中间处理射门。

实际上，守住中间最有可能救到球，成功率大于 30%；而向左或向右扑救的平均成功率不到 15%。

站在中间等待的扑救成功率明显高于向左或向右的扑救成功率。既然如此，为什么守门员还是更倾向于做出向左或向右扑救的行为，而不是站在中间等待呢？

（二）解释

这种错误决策背后一定有具体的原因，守门员希望给人留下他们在关键时刻决策果断的印象，而不愿意别人认为他们因呆若木鸡、无所作为而失球。如果站在中间不动，会让人觉得自己很无助，仿佛不知如何是好。

在正常情况下，除非遇到那种极端而重大的危险必须及时做出反应，人们遇到普通而一般的难题，往往先要观望，而不是立刻行动，期待难题慢慢退去。因为此时一旦决策失误，会让人承受更大的代价，产生更多的后悔。

（三）自然预测

平常人遇到难题时的举动与守门员临危时的举动却极为相似。

同样的情况可能也会出现在金融危机中。在危机面前，政府官员、首席执行官、经理、投资人等都面临着需要决策从而挽救败局的巨大压力，但结果很有可能是，跃起扑救，却冲向了错误的方向。

（四）结果控制（结论）

守门员采用原地不动的扑球方式成功率会更高。

在经济危机面前，有时候政府官员、投资人的用力过猛反而会适得其反，这些过度决策行为应该尽量避免。

这个例子从足球射门的统计数据开始，引发出对守门员乃至社会经济管理人员行为的建议，短小精悍，就是一个"麻雀虽小，五脏俱全"的科研活动。

四、制约科学活动的因素

第一，智力因素，一个人的天赋决定了他成就事业的基础。

第二，非智力因素，包括品格、意志力、奉献精神等，后天教化也起到很大作用。

第三，人际关系和各种现实条件等复杂因素，这既不是智力因素，也不是非智力因素。

因素一是先天的，因素三很难把握，因素二的人为可控性略大些，因此个体只有在因素二方面，才能更好更多地发挥主观能动性。

本书所讲的社会科学研究方法即属于因素二，属于人的主观能动性可控范围的内容。以科学方法从事科学活动，对人的成功具有相当大的意义。

五、科学研究和科学研究的替代

科学研究是一种发现问题答案的途径之一。

每个人都会做研究，遇到问题，搜集资料，总要思考，总要想办法，以解释某种现象或解决某个现实问题。例如，运动员需要找到适用于自己的赛前情绪调整方案，以期达到最佳竞技状态；教师需要找到学生学习面临障碍的原因，以解决学生学习效果不佳的问题。

除了研究，还有其他途径可以获得问题的答案，诸如权威、传统、常识、媒体、个人经验等。人们通常运用权威和传统的方法来获得知识或理解我们所生活的世界，无论古今，人们的许多知识都是从权威那里获取的。具体来讲，每天通过上课、读书、看报纸、听广播、看电视、上网等方式，接受来自别人或者其他方面权威的知识。

如果个人思考所研究出来的结论，与个人过去的经验、别人的经验以及权威意见等不符合的时候，需要保持独立思考，继续研究。但如果确实是自己错了，也要及时调整，以确保找到问题最终的正确解决方案。

六、毛主席怎样写文章

杨明伟曾是中共中央党史和文献研究院对外合作交流局局长、研究员，曾发表文章介绍毛主席怎样写文章。

第一，分析中国的实际问题。人的活动，要有一个根本和动机，以问题为切入点，这是写文章以及研究的根本动力来源。

第二，一定要有明确的观点。不能满足于现象的罗列。人活于天地间，作为天地之精灵，每一个个体的生命和思考都具有无上的价值，必须把自己的独特思考、独特判断奉献出来、书写出来。

第三，要有比较恰当的表达方式，必须抛弃"党八股"。说话和写文章必须生动、真实、有感染力。内容要契合形式，形式更要服务好内容。

很多社会科学的研究活动最后都表现为一篇文章、一个报告。毛主席关于怎样写文章的要求，也是我们今天进行科学研究的要求。

七、问题在科学研究中的地位

问题与观察不是矛盾的。一方面，问题不能凭空从大脑中诞生，要先进行观察思考，然后才可能形成问题。这样的问题是有效的问题、真实的问题。另一方面，观察不是无目的的观望和随遇而安，必然带着某种使命和任务去观察、实践。我们特别强调"科学从问题开始"，反对"科学从观察开始"。要批判那种完全屈服于现实的、完全没有预先问题的"纯粹观察"，它不会诞生问题，也不会诞生科学，即使真的诞生了科学，从科学效率和科学发展上讲，完全是不值得提倡的。

"科学从问题开始"还是"科学从观察开始"，对这一问题的不同解答体现了不同的科学模型。前者把科学研究看作是能动的、创造性的、主动的活动，后者则把科学研究视为一种自发的、消极的、被动的活动。

"科学从问题开始"强调了"我"的感知，"科学从观察开始"

显现了"我的"茫然。

"科学从问题开始"这一论点反映了一种主动的态度，它源于"问题—理论—观察"三元动态的科学模型。问题是科学的真正起点，是科学发展的动力。对社会科学研究方法进行思考，应当自觉把问题研究作为重点。

八、社会科学问题的类型

人们在社会科学活动中，不断地提出更有意义的问题，也不断地探索更加深刻的答案，从而促进社会认识不断深化。社会科学研究就是不断地提出问题并不断地解答问题的过程。社会科学的问题多种多样。

一是理论内部冲突的问题。这是因某个社会科学理论内部的逻辑不自洽或概念含糊不清而提出的问题。这个问题往往能反映理论"发明者"的某些问题和某些局限，由作者自己修改是最好的，由别人指出修正也是一种有效的办法。

二是两种理论冲突的问题。单独看，某个理论完美无缺，但是两种理论一旦对照和联系起来，会合暴露不同社会科学理论之间不一致或不相容的矛盾，往往代表着现实问题的矛盾和纠结。在这种情形下，不要再局限于在理论中去解决理论问题，应该用现实和实践来判别理论的是非对错和善恶美丑。

三是理论与形成理论的工具和公理的冲突。因社会科学理论与本体论、方法论之间的不一致而提出的问题。社会科学理论与方法论之间的不相容也是对称的、双向的，其结局也有两种：或修改社会科学理论，或修改方法论。

四是缺乏简单性和普遍性的问题。因社会科学理论结构不符合简单性与普遍性的要求而提出的问题。啰唆的理论、缺乏美感的理论、故弄玄虚和骗人的复杂理论都是我们做社会科学研究时要改造或者废止的无用理论。限制条件过多的、适用性太窄的理论也是社会科学研究需要格外关注的。

五是理论与实践冲突的问题。因现有社会科学理论与经验事实存在矛盾而提出的问题。这提供了修正理论的最佳时机。

六是理论与现实脱节的问题。因社会科学理论的实际应用与现有技术条件相互矛盾而提出的问题。社会科学理论不是科幻小说，不是言情作品，要立足现实。我们可以书写假说和设想，也可以在社会科学的纸张上面描绘未来的假设和构想，但不能一半真一半假，不能真真假假混在一起。

九、科研灵感哪里来

一是日常生活。属于直接经验，科学源于生活。

二是实践问题。属于直接或者间接经验的范畴。

三是既往研究。研究已有的文献是科研灵感的一个非常好的来源，甚至可能是大多数科研灵感的来源。

四是理论。好的理论不仅仅要实现概括和整合当前知识这一目标功能，还会提出新的关系并作出新的预测，进而可以指导新的研究证实或证伪理论所提出的关系或所做出预测的可靠性，从而形成独特的研究成果。

十、研究的类型

社会科学研究要想实现既定的目标，就要根据研究类型采用相应的研究方法和研究途径。

（一）描述性研究、解释性研究和预测性研究

描述性研究旨在回答"是什么"的问题。解释性研究旨在回答"为什么"的问题，是在描述性研究基础上的进一步深化。预测性研究是带有前瞻性质的社会科学研究，主要目的是说明研究对象将来的状态。

（二）横剖研究和纵贯研究

根据研究的时间维度，社会科学研究可以分为横剖研究和纵贯研究。

（三）普查、抽样调查和个案调查

根据调查研究的不同对象范围，可以分为普查、抽样调查和个案调查。

（四）实验研究、实地研究（调查研究）和文献研究

按照研究方式，可以将研究划分为实验研究、实地研究（调查研究）和文献研究。

（五）理论性研究、应用性研究、评价研究、行动研究和取向研究

理论性研究又叫基础研究，其首要目的是为基本知识和理论找到稳固的根基，为未来的研究打下基础。应用性研究关注现实世界的问题与应用，为现实世界中的实际问题提供相对直接的解决办法。评价研究关注干预性项目的价值、优点或质量，既可以评价理论，又可以评价现实行动。行动研究关注解决实践者所面临的具体问题。取向研究关注减少不平等现象，注重声援弱势群体。

十一、确定分析单位

分析单位是研究的基本单位，社会科学研究就是从这些基本单位中收集信息，然后通过统计汇总来反映由它们构成的社会现象。

社会是由人组成的，但是社会又不能等同于个人的简单组合，社会科学研究的主要对象正是这些超越于具体的人之上的社会现象，社会科学的研究对象多种多样，除了个人，还包括群体、组

织、社区和社会产品等。

（一）个人

尽管个人是最常用的分析单位，但社会科学研究一般不停留在个人层面上，一般是个人具有了社会现象的意义或其某个片段具有了社会意义时，才将此人作为社会科学的研究单元。

（二）群体

对群体的研究侧重于内部的相互作用和外部的目标与期望。虽然群体的特征是通过收集若干个体的信息来获得的，但是群体和个体之间存在着本质区别，把群体作为研究单元，侧重点就不再是个人了。

（三）组织

组织的类型是多种多样的，每个人的生活都与组织密切相关。一般而言，侧重研究组织的构成、结构和功能等。

（四）社区

与群体和组织不同，社区更侧重于区域性的生活。

（五）社会产品

社会科学研究的分析单位不仅仅是个人以及由个人组成的群体、组织和社区，还包括由人的活动衍生的其他一些文化产品，或称为社会产品。这些社会产品是人们实践活动的产物，镶嵌着人类活动的印记，它们不仅能够体现出人的本性，还会反映出不同时期社会的构成状态和活动规律，因此应当成为社会科学研究的分析单位。例如流行歌曲、文化和服饰等，也可以成为社会科学研究的分析单位。其他的如政治制度、经济制度、社会制度与家族制度等，更是社会科学研究经常涉猎的领域，它们作为社会科学研究的分析单位，对认识社会历史、预测社会未来和制定政策措施等都具有重要的价值。

以上是社会科学研究中惯用的分析单位。实际上，在具体的社会科学研究中，这些分析单位往往是相互交织的，不存在明显的分野。在许多情况下，一项研究可以采用多种分析单位。例如研究"离婚"问题，可以以个人、群体、家庭、组织等为分析单位，也可以以"离婚"这个社会现象本身为分析单位。在研究中，为了全面地说明问题，这些分析单位往往会交错使用。另外，在研究过程中，如果利用某一个分析单位进行调查所收集的资料不能满足研究的需要，可以增加或改变分析单位。

十二、研究程序的"流水账"

首先要提出研究设想，然后去做文献综述（研究综述），要摸清当下的状况。这时候需要提出比研究设想更加明确具体的研究问题并提出研究假设，进而找到突破点。下一步便可根据摸清的情况与自己发现的问题、假设和突破点，撰写自己的研究计划了。在研究计划里，提出自己要解决和完善的问题。紧接着，将正式开始对问题的实质研究阶段，采用问卷调查或者实证的方式来验证某个观点，采用多种方法测量和搜集各种相关的数据。选择一种或多种研究方法，对通过问卷方式、实证方式、测量方式以及搜集方式得到的各种观点、数据予以分析研究，考察是否得到与自己假设相符的结论、是否解决了自己在研究计划里提出的新问题。最后，总结上述过程，使用规范的格式，形成正式的研究报告。这是很多社会科学研究的现状和固定程式。

第二章

研究方法、研究范式和研究技术

　　大学低年级学生或刚接触科研的同学基本上不可能独立、完整地承担重大科研任务，在阅读和学习其他研究者的鸿篇巨制或研究成果时必然面临诸多障碍，甚至一时难以下手，畏难茫然，有种种不便。这如同面对一场浩大凶猛的战争，千头万绪，难以掌控，然而突然发现，战场上的每位战士均手握"钢枪"。而"钢枪"这个"武器"，我拆解过、使用过，很熟悉。借助这件"武器"，再理解"战争"、进入"战争"、体验"战争"、参与"战争"，便容易了。学习方法论，学习各种具体的方法，对学生而言，就能起到类似的作用和效果。

一、本书的整体内容

　　第一，导论部分。简单介绍概要和一般情况梳理。

　　第二，方法论、研究范式和批判性思维。方法论是科学研究的哲学基础。研究范式比方法论更具体，但比研究方法更抽象。批判性思维指适宜培养独创精神和自由精神的思维方式。

　　第三，研究方法。包括实验法、问卷法、访谈法、内容分析法、实地调查法、个案法、观察法、现有资料统计法和测量法等。

第四，研究技术。将形成的材料整合起来形成结论，诸如从定量到定性，从偏向理科的、具体的、局部的研究到偏向文科的、综合的、整体的研究来划分的各种研究方法，比如实验研究、准实验设计与单个案设计、非实验定量研究、定性研究（包括现象学、民族志、个案研究法和扎根理论）、历史研究、混合研究、过程方法、评价方法、理解方法等。

总之，研究方法分为定性和定量两类，两者又各包含多种方法。研究技术包括数据收集技术和数据分析技术两个方面，两者又都分为定性和定量两类。

二、研究方法的三个层次

研究方法通常可以划分为三个层次，即方法论、研究方式和具体研究方法。

方法论位于研究方法体系的顶层，是研究问题的总的思维方式，方法论取向上的差异决定了不同研究方式乃至研究方法的具体选择。

研究方式包括定量研究和定性研究。

研究方式的下一级是具体的研究方法，包括实验法、问卷法、访谈法、内容分析法、实地调查法、个案法、观察法、现有资料统计法、测量法等。采用哪一种具体的研究方法取决于研究者所秉持的方法论观念以及研究议题的适用性。

总之，方法论处于顶尖的位置，如同一个人的世界观、人生观和价值观，是最基础的和最根本的；处于中间部位的研究方式只分为两种，即定量研究和定性研究，如同一个人一生只干两件事——好事和坏事；而处于最底层的具体研究方法就是指一个人干好事、干坏事的具体方法。这些最底层的方法摆脱了最高层的方法论指向，也摆脱了中间层的研究方式指向，即这些具体的方法既适用于干好事，也适用于干坏事，也就是说干好事、坏事都用这些方法。方法是没有感情色彩的，是没有善恶标准的，方法是工具，使用一定方法形成的结果和结论作用于现实，才分善恶美丑。所以，只会方法，不问善恶，是实在不该、实在可怕的。

（一）方法论特别重要

在日常生活中，人们常常把方法等同于方法论。方法和方法论是两个相关但含义不同的概念。方法是收集研究资料的具体手段与技术，而方法论涉及的是研究的哲学基础，是指导研究的一般思想或哲学。

人们大多会在研究报告中详细介绍研究方法，但一般不会明确介绍所使用的方法论，甚至研究者本人也不一定自觉意识到自己所使用的方法论名称，但它的影响贯穿在整个研究过程中。不同的方法论取向决定了研究者在收集和分析资料时采用何种研究方式。

在社会科学研究中，有两种相互对立的基本方法论倾向，即实证主义方法论和诠释主义方法论。

实证主义认为经验是知识的唯一来源，一切知识都建立在经验证实的基础上，认为社会科学研究和自然科学研究一样具备可重复性、可操作性的科学属性特征，能够通过具体的观察、客观的资料、精确的测量、严谨的推理，最终概括出结论。实证主义取向的研究者更倾向于选择实验法、问卷调查法、数理统计法等定量方法。

诠释主义也称为解释主义或人文主义，是与实证主义相对立的方法论取向。研究者的目的并不是获得对被认识事物的唯一客观答案，而是发挥他们在研究过程中的主观性，去理解生活在某个特定环境和历史背景下人们的思想与行为。在研究方式上，定性研究是诠释主义方法论的最典型特征。诠释主义取向的研究者侧重于使用实地调查、访谈等定性方法。

（二）研究方式分为定量研究与定性研究

定量研究与定性研究这两种研究方式从开始的截然对立逐渐走向相互融合，研究方法发展的主流趋势之一便是定量、定性相结合。

定量研究以数字化符号为基础去测量事物，进而分析和解释事物某些因素之间量的变化规律，目标是确定变量之间的关系和因果联系。实验法、调查法、内容分析法是其最常见的具体研究方法。

定性研究又称为质化研究，是人文科学的诠释主义取向最典型的研究方式。定性研究采用自然主义的态度，以观察资料为研究起点，具有描述性、探索性、情境性和主体性特征。其目的是理解社会现象和个人。参与式观察、无结构式访谈、实地调查等是其最常见的具体研究方法，其研究结果通常以文字而不是数据的形式表现出来。

（三）具体的研究方法

具体的研究方法是指研究过程中所使用的收集和分析资料的方法，也称为研究技术，是需要在研究报告中详细说明的。

具体的研究方法主要有实验法、调查法和文献法三大类别。实验法包括实验室实验、现场实验等。调查法包括问卷调查法、访谈调查法、实地调查法、观察法、专家调查法等。文献法包括内容分析法、现有统计资料分析法、二次分析方法、历史比较法等。

三、科学方法的四大部类

一是经验方法，如观察、测量、实验方法等。二是理性方法，如逻辑、数学、统计方法等。三是臻美方法，如直觉、对称、类比方法等。四是"一切皆可"的方法，科学方法多元开放，敞开大门，一切有利于科学研究的办法皆可试用。

四、三段论方法和正负两点论方法

冯友兰认为，中西哲学的差异在方法论上的反映，简单地说，就是"正"和"负"：西方哲学的逻辑分析方法是"正"的方法，用三段论演绎推理"告诉我们它是什么"；中国哲学的方法论正好相反，用的是"负"的方法，"告诉我们它不是什么"，"在《老子》《庄子》里并没有说'道'实际上是什么，却只说了它不是什么"。

"正"的方法需要对每一个概念下定义，用演绎论证进行定性分析，用明确的言辞说明它所研究的对象"是什么"，没有给读者受众足够的主观想象空间。

所谓"负"的方法，不下定义，也不靠演绎推理的论证，而是从两种现象的相互关系中去把握一种现象的性质和特点，即一般所说的辩证法，即"两点论"。

一"负"一"正"，不能完全说成专属于中国哲学或者西方哲学，西方哲学也有"负"，中国哲学也有"正"，只是侧重点不同而已。这两种思想方法是互补互鉴的。

五、三种研究范式

（一）存在论和认识论

存在论就是人们关于世界组成的假设。真正的知识必须存在于一组固定的、毫无疑问的，以及清楚明白的真理中，人们的知识和信仰就是从这组真理中基于逻辑推演出来的。世界独立地存在于人们关于它的知识之外。社会现象及其含义的本原和本质，独立于社会参与者。

相反，认识论不认为世界独立存在于人们关于它的知识和信仰之外，认为现实是由作为参与者的人类社会离散地构建的，社会现象及其含义始终伴随着社会参与者。

研究范式是对存在论和认识论的理解和认识。存在论对应实证主义研究范式，认识论对应解释主义研究范式。

（二）研究范式

1. 实证主义

与实证主义相关的其他重要术语包括经验主义、客观主义、科学方法以及自然主义等。实证主义的核心观点包括：

（1）世界独立于人类。

（2）世界物化于人类内部，人类社会中也存在着模式和规律、原因和结果，这些东西甚至也是独立于人类自身的。

（3）研究方法及其使用者是中立的，不会对已经存在的事物造成影响。

（4）在研究人类社会时，实证主义者特别强调解释而不是理解。

（5）实证主义者清楚地区分"事实"和"价值"，并且更倾向于强调事实而不是价值。

（6）在研究中，实证主义者追求客观性。

2. 解释主义

与解释主义相关的其他重要术语包括相对主义、理解学、现象学、解释学、理想主义、符号学以及构成主义等。解释主义的核心观点包括：

（1）世界不独立于人类。

（2）世界是通过人类之间的交互活动和社会活动构建而成的。"事实"和"价值"之间的界限并不像实证主义所认为的那样泾渭分明。

（3）解释主义的重点在于理解而不是解释。因此，解释主义者不相信可以仅仅依靠观察、完全脱离理解来解释社会现象，也不企图在社会科学中建立绝对的因果关系解释。

（4）与实证主义相比，解释主义将自然科学和社会科学看作是两种截然不同的科学。因此，应该采用与研究自然科学方法不同的方法来研究社会科学。

（5）社会现象不可能独立存在于人类对它的理解中，正是这些理解影响了结果。因此，研究人员将不可避免地成为其所研究社会现象的一部分，比如他们不可能与其正在研究的对象相分离。

（6）客观性（或者是与价值无关）的分析是不存在的。

（7）在研究社会现象时，解释主义者倾向于强调人类赋予世界的意义，强调语言在构建现实中的巨大主观能动作用。

3. 批判主义

从 20 世纪 70 年代开始，一种既区别于寻找普遍规律的实证主义，又区别于侧重含义理解的解释主义的研究范式显得越来越重要。因之兴起的批判主义开始尝试将解释主义与实证主义联系起来。

批判主义的显著特点主要有：

（1）批判主义处在实证主义和解释主义之间，既具有与实证主义相同的技术主义存在论，又尝试研究解释主义中的人文理解和人文关怀。

（2）在因果解释这个问题上，尽管社会科学可以应用与自然科学相同的方法，但也需要使用理解以摆脱纯粹的自然科学范式。

（3）不仅试图解释人类社会，而且试图理解人类社会。

（4）批判主义者的主要任务就是进行批判。将注意力集中在当前社会存在的各种矛盾和冲突上，并找出改变现状的制约因素和转换条件，显示其实用性和战斗性的一面。对于社会重大问题，特别擅长找到原因并提供解决方案。

六、研究方法与研究范式的关系

研究方法分为定量研究方法和定性研究方法。定量研究方法起源于自然科学，早期被用于研究自然现象，主要的研究方法包括调查研究、实验研究以及数学建模等。定性研究方法起源于社会科学，被用于研究社会和文化现象，主要的研究方法包括行为研究、案例研究、人类学研究以及扎根理论等。

研究范式对选择研究方法具有指导作用。实证主义研究范式既能使用定量研究方法，又能使用定性研究方法。而解释主义研究范式和批判主义研究范式只能使用定性研究方法。

七、研究方法和研究技术概述

研究方法包括定性研究方法和定量研究方法。定性研究方法包括行为研究、案例研究、人类学研究，以及扎根理论等。定量研究方法包括调查研究等。

研究技术包括数据收集技术和数据分析技术。其中，定性研究方法数据收集技术包括面谈、观察以及文献研究。定量研究方法数据收集技术包括客观测量和问卷。定性研究方法数据分析技术包括分类、解释学、符号学以及叙述和隐喻。定量研究方法数据分析技术包括数据预编码和描述统计。

八、研究方法

（一）定性研究方法

1. 行为研究

发生在现实环境（比如工作场所）中的行为，给现实提供变量，可以形成自变量和因变量的因果关系，为研究提供必要条件。行为研究的动机不是出于行为人自身的需要，而是更多地希望通过研究，认清现实中存在的问题，服务改进现状的目标。

2. 案例研究

案例研究涉及具体实例的详细研究。所有的个人、社会群体、组织或者事件都可以被当作值得研究的案例。被选作研究对象的案例通常是一个特定类别中的典型代表。

3. 人类学研究

人类学经常采取参与式观察的方法，研究人员最大限度地共享研究对象的经历，因此能够使研究人员更好地理解研究对象采取特定行为的原因。现在，这种方法已经不再局限于人类学研究，正在被有效应用在诸多涉及小型群体的研究中。

弄明白一个人群或机构的内部关系和规律很不容易，观察者需要花费大量的时间。另外，研究对象的代表性也经常会受到质疑。选定的观察对象具有代表性吗？选定的观察人员具有代表性吗？这些都是值得注意的问题。

4.扎根理论

理论与实践互动频繁，扎根理论是滚雪球的策略，是"兵来将挡，水来土掩"的策略。

形成理论的最合理方式就是将其"扎根"于所研究的数据中，根据数据分类后得到的数据类别构建理论，因此在很大程度上，理论是数据的一部分。另外，构建理论的过程也不需要等到所有的数据都收集完成，构建理论的过程实际上是数据收集过程的一部分。最后，临时的、不断发展的理论意味着需要收集最新的数据，这些最新的数据将被用来修改和重构理论，而修改和重构后的理论又将对数据提出新的需求。

传统的理论形成方法不但强调在研究人员设定的较大参数范围内工作，而且试图让所设定的参数适应正在进行的特定研究需要。扎根理论认为，理论不应该被看作是能够用来解释现实和预测未来的静态结构，应该被看作是能够适应新的数据和环境变化而不断成长和进化的有机体。

（二）定量研究方法

调查研究可以收集到大量数据，不同于收集数据量少的案例研究以及人类学研究。

调查研究并不限于特定人群，同样适用于调查和统计非生命体，比如汽车、住房或者工厂等的数据特征。

为了达到特定目的，调查研究经常会在特定社会范围内进行。最为人们所熟悉的调查研究之一就是政府或者中介机构收集特定人群信息的人口普查。建立在有效的社会和经济数据基础上的人口普查收集的信息对促进政府制定政策具有重要作用。

九、研究技术

（一）数据收集技术

1. 定性数据收集技术

1.1 面谈

面谈是获得第一手信息的最重要方法，反馈及时，就能够了解大量的直接和间接情况。面谈可以是结构化的，即研究人员按照预先制定的面谈计划向面谈对象进行提问；也可以是非结构化的，即研究人员根据现场情况随机向面谈对象进行提问。研究人员提出的问题可以是主观的，即面谈对象可以针对问题自由发挥；也可以是客观的，即面谈对象只能在预先设定的回答范围内做出回答。

1.2 观察

研究人员独立观察，保证客观性，记录发生在研究人员周围的各种情况。观察不是背地里监视，观察者暴露给被观察对象，让被观察对象知晓，研究人员将不可避免地对被观察人物和事件产生额外影响。

1.3 文献研究

通过文献直接获取并利用数据和信息，研究人员就可以节省大量的研究时间。尤其是在选题阶段，还没有确定研究方向时，文献调研的方法负担最轻、速度最快。

现有数据是在何时收集的？现有数据是由谁收集的？收集现有数据的目的是什么？这三个问题是文献调研时特别要注意的，用以判断该信息对自己研究的价值大不大、可行性高不高。

2. 定量数据收集技术

2.1 客观测量

测量和记录变量的技术和方法需要保证测量的客观性、稳定性和一致性。

2.2 问卷

所有的问卷都是结构化的、事先设定好问题的。问卷对需要从大量样本中得到确定回答方面的研究特别有用。同时，由于问卷中不允许出现模棱两可的问题，因此问题设计需要特别的技巧，以确保获得期望的准确答案和结果。

3. 二手或现有数据

是以前搜集、记录或者遗留下来的数据，而且其研究目的与当前的研究目的完全不一样。如私人文件、公文、物理数据和档案研究数据等，这些陈旧的东西突然在新的研究中派上用场。

（二）数据分析技术

1. 定性数据分析技术

1.1 分类

采用定性研究方法通常会产生大量的数据，最好在数据收集的同时进行分类，不要害怕主观性。而且在对数据的广度和深度有了一定认识后，还可以继续修改分类。当绝大多数有意义的数据都已被归入相应的类别时，某一数据的分析工作将会水到渠成。

1.2 解释学

解释学作为一种分析技术，提供了一种理解文本数据的方式，能够说明研究对象内在的真正含义。

2. 定量数据分析技术

2.1 数据预编码

数据预编码要求研究人员在收集数据之前确定数据的类别。

在进行数据预编码前，研究人员应该已经对所要研究的问题有了全面的了解。这样，他们就可以进一步明确急需解决的主要问题，并将主要问题转换为问卷或者面谈中可以被精确测量和量化的问题。以下便是一个在问卷中使用数据预编码的例子。

你认为自己当前的工作：

（1）非常有趣。

（2）在绝大多数情况下非常有趣。

（3）有时候会非常有趣。

（4）很少会非常有趣。

在将问卷发放给调查对象之前，关于上述问题的回答就已经被分为四类，并且被分别赋予不同的编号。问卷填写者只能从上述四种回答中做出选择。数据的编码应该符合实际情况，避免主观随意性。

2.2 描述统计

描述统计的最主要功能是将大量测量值以容易理解的形式表达出来，比如客观测量数据通常包括大量读数，通过简单浏览其中的一些读数却很难判断它们的趋势，这时就需要借助一些方式对数据进行概括。描述统计包括分组表格、图形描述、平均值、中值和最常见值等方法。

2.2.1 分组表格

假设学校教务部门的工作人员想知道不同上课人数的课程数量，在从所有课程负责人那里收集到相关数据后，工作人员通常面对的是大量需要进行概括的数字，统计出上课人数和课程数量的对应分组，也被称为频率分布。这种频率分布可以让工作人员对不同课程的上课人数有一个整体印象。结果如下：

上课人数	1—15	15—20	21—30	31—40	41—50	51—60	61—70	71—80	81—90
课程数量	3	8	14	22	7	7	3	1	5

2.2.2 图形描述

虽然在描述统计中采用表格的形式也是合适的，但是采用图形更容易被理解和交流。柱状图是展示频率分布最常用的图形，是一种更加直观的表达方式。

2.2.3 平均值

对一组数据进行描述和概括的另一种常见方式是计算出一个能够代表这组数的数，其中最常见的就是这组数的"平均值"。平均值的计算方法是，将一组数的所有单独测量值相加，然后除以测量值的数目。

2.2.4 中值

另一种描述一组数中心点的方法是中值。

计算中值时首先将一组数按递增（或者递减）的顺序排列。中值就是这一系列数中处在中间位置的那个数，比如在以下这组数中：

$$3，8，10，17，23，28，35$$

处在中间位置的数是 17，因此 17 就是这组数的中值。

2.2.5 最常见值

概括一组数的最后一种方法是说明数的"模式"或者"最常见值"。它仅仅是一组数中最常出现的数。一组数只可能有一个平均值和中值，却可能同时存在着几个最常见值。

最常见值的主要优点是：它既适用于定性数据，又适用于定量数据，比如在一项市场研究中，潜在的新车买主将被要求说出他们最希望的新车特点。这时研究人员根本没有办法计算出平均值和中值，但是最常见值就是被提到次数最多的特点。

第三章

人文社科方法论

方法论是科学研究的哲学基础。笔者曾在第二章中指出，方法论主要包括实证主义、诠释主义和批判主义。除此之外，弱于实证主义、诠释主义和批评主义，但与科学研究相关的方法论还包括如下的一些内容，对研究方法也具有相当程度的指导和影响。

一、科学技术哲学概述

科学哲学从哲学角度考察科学，其主要任务之一是分析各门科学所采用的研究方法。

科学哲学主要偏向研究自然科学和技术科学的研究方法。本书讲述的范围限于人文社会科学研究方法，科学哲学主要提供某些借鉴作用。

科学哲学研究实际上涉及马克思主义哲学、科学技术发展史、自然哲学、科学哲学、技术哲学、思维科学、科技社会学、科技方法学、科技伦理学、科技心理学、技术经济学、科技政策、科技管理、科技传播等多个分支学科，具有明显的交叉和前沿学科的性质。

二、科学技术哲学：
演绎推理和归纳推理，以及归纳推理的困惑

列举一个演绎推理的例子：所有的中国人都喜欢茶，张三是中国人，因此张三喜欢茶。

前两项陈述是推论的前提，而第三项陈述是结论。这是一个演绎推理，如果前提正确，那么结论也一定正确。

再列举一个归纳推理的例子：盒子里的前五个鸡蛋发臭了，所有鸡蛋上标明的保质日期都相同，因此第六个鸡蛋也一定是发臭的。

这个推理看起来似乎合理，但前提并不必然导致结论。即使前五个鸡蛋确实臭了，即使所有鸡蛋上标明的保质日期相同，也不能保证第六个鸡蛋一定发臭了。

演绎推理比归纳推理更可靠，演绎推理可以保证从正确的前提出发得出一个正确的结论，归纳推理很有可能使我们从正确的前提推出一个不正确的、例外的结论。

尽管归纳推理存在这种缺点，但人们在从事社会科学研究时，仍十分依赖这种推理，甚至很少对它进行反思。例如，太阳每天一定会升起的结论，就是归纳的推理，到目前为止，太阳一直升起，但是明天太阳不升起，从逻辑的角度是成立的。

虽然归纳推理在逻辑上有漏洞，但它似乎是形成关于世界之信念的一种非常合理的方法。迄今为止，太阳每天都升起的事

实也许不能证明明天它会升起，但是这一经过长期归纳得出的事实结论的确给了我们很好的理由，让我们相信明天的太阳一定会升起。

归纳推论建立在自然的齐一性假设上，依据的是一种关于世界的统一性假设，对于该假设，虽然没有很好的根据，但一直很有效。

三、科学技术哲学：
非演绎、非归纳的推理——最佳说明的推理

请看下面的例子：食品柜里的干酪不见了，仅留下一些干酪碎屑；昨天晚上听到了来自食品柜刮擦的声音，所以干酪是被老鼠吃了。

这一推理不是演绎推理，也不是归纳推理。前提并不必然导致结论，虽然不能确定老鼠作案是对的，但总体来讲，这个假说看起来相当合理，它是对已知事实最好的解释方式。

这种类型的推理被称为"最佳说明的推理"。

四、科学技术哲学：概率推理

根据不确定的因果关系做出决定的时候一般采用概率推理，例如，天阴并不一定意味着要下雨，可我们还是准备带上雨伞；肚子痛并不一定是得了胃病，可我们愿意往这个方向想问题，都

是概率推理的典型表现。这是根据以往的经验和分析，结合专业知识，由已知的变量信息来推导未知变量信息的过程。

五、科学技术哲学：科学中的解释

科学最重要的目的之一就是解释我们周围世界中发生的事情。

解释的模型通常是由普适定律和特定事实推理出待解释的现象。

假设尝试解释为什么书桌上的植物死了，可能给出如下解释：用来学习的书桌所处的地方光线太暗，阳光无法照射到植物上；而阳光是植物进行光合作用所必需的；并且没有光合作用，植物就不能制造它存活所必需的碳水化合物，因此植物就会死掉。

这个推理的内部含义是——

普适定律：阳光是光合作用所必需的，光合作用是植物存活所必需的。

特定事实：植物没有受到任何阳光的照射。

待解释的现象：为什么书桌上的植物死了。

科学研究者首先要学习各种知识和原理，心中先装好很多道理和关系，其次要找到需要解决的问题，最后用原理和知识，解决这个问题，在问题得到有效解决之后，必然又形成新的具体的各种结论，进一步丰富和发展各种知识和原理。

六、科学技术哲学：
科学中一种错误的解释——不相关性问题

在医院一个挤满孕妇的房间里，一个小孩注意到房间里有一个男人没有怀孕，就问为什么。有人调侃地回答说："他一直认真地吃避孕药，认真吃避孕药的人不怀孕。因此，他没有怀孕。"这个回答没有意义，风马牛不相及，很显然，对于他不怀孕的正确解释在于他是一名男性，而男性在当前技术下是不可能怀孕的。

这里总体的原则是，关于一个现象的良好解释应该包含与现象相关性的信息。即使告诉小孩的话是正确的，即使这位男士真的一直在服用避孕药，但这个事实与他没有怀孕的事情毫不相关，因为即使没有服用避孕药，他也不会怀孕，那么这个回答就不是一个好的答复。

科学研究千万要避免如此，要找到真问题，找到真原因，形成真结论。

七、后现代主义：现代性的含义

第一，人与自然的分离。人不再服从于自然规律的束缚，反之，人开始为自然立规矩。第二，政治与道德的分离。政治被简化成一种关于权力的技术，只要达到目的，手段的选择不必受道德和习俗的约束。第三，权利与义务的分离。权利本身以及获取更大权利的权利被神圣化，泛称为"自由"，并被抬高成人的目的本身，但与权利相匹配的义务不再被强调。

这三个分离开创出了一种不同于过去的新特点，并孕育出一个特别的人群——由于获得了过去只属于特权阶级的知识和能力，他们开始自比为特权阶级；由于摆脱了传统道德的约束，他们开始为所欲为；由于不再承担义务，只顾追求权利，他们开始以自由之名放纵贪婪的本性。

实际上，人与自然、政治与道德、权利与义务能分离、分得开吗？所谓现代性着实是妄想，是呓语，是猖狂，是覆灭。

八、后现代主义概述

后现代主义批判西方资本主义高度发达的现代文明，揭示现代性自身存在的内在矛盾和缺陷，表现出对现代性的失望和绝望。这是后现代主义正确的一面，但后现代主义却滑入另一种矛盾和缺陷。

后现代主义崇尚标新立异的生活方式，厌倦快节奏的、分工精细的、明确的都市化生活方式，向往牧歌式的田园生活；重新评估传统、神圣、怪诞和非理性的事物，重视为现代性所摈弃的一切，诸如不确定性、零碎性、非原则性、卑琐性、反讽性、异质性、虚构性等，拒绝被现代性看重的事物，诸如权威、规则、崇高、真理、正义、圆满等。后现代主义甚至对因果性、决定论、平等主义、人道主义、自由民主、必然性、客观性、合理性、责任和真理都提出了责难。

后现代主义多以否定性的、消极性的、破坏性的形式而不是肯定性的、积极性的、建设性的形式出现。但是，今天社会科学的主导功能仍然是建设性的，那种摧毁一切、解构一切、无视任何建设性事物的思想倾向和实际行动显然同社会科学的根本旨趣格格不入。因此，后现代主义从根本上来说不适合于社会科学。

中国人向死而生，祖孙相继，绵延不绝，过去无限远，未来无限长，抚今追昔，展望未来，我们信心满怀，可是，古人不知道，我们的地球不是永恒的，我们的太阳在 27 亿年之后是要湮灭的！这样，你还相信永恒吗？由此，所有的一切都为后现代主义打开了方便之门，让人的绝望找到了现实的缺口！后现代主义对真理、进步等价值的否定，导致了价值相对主义、怀疑主义和价值虚无主义的产生，从而使人们认识到价值的相对性和多元性，也为世界之乱打开方便之门，这是需要我们高度注意的。

九、后现代主义在
中国文学文艺等哲学社科领域的滥觞

1970 年，后现代主义文化运动在西方获得日益广大的声势和声誉。

正当中国实行拨乱反正，进行改革开放，探讨建设有中国特色的社会主义现代化道路，并且要求哲学和社会科学更好地为新时代服务的时候，这个所谓后现代主义运动在 20 世纪 80 年代中期传入中国，并逐渐成为一种时髦的文化现象。然而此时，西方的后现代主义已经呈现衰亡之象，等于部分人当宝贝似的捡起了西方的一个文化垃圾。

配合当时中国各个领域的改革，起初，中国的理论界小心翼翼地引介这股文化和社会思潮。后来，这股思潮逐渐成为讨论的热点。人们开始广泛地译介西方后现代主义著名代表人物的思想和著作。一些中国作家开始有意或无意地尝试后现代主义的创作实践，以写作怪诞、反动、猥琐、细碎、无意义、凌乱为荣，以反主流、反权威为傲，摈弃认识论的假说，驳斥方法论的常规，抵制知识性的断言，甚至一部分作家至今还没有改过来，深陷泥潭，不能自拔。

其实，这种所谓后现代根本没有摆脱现代的各种问题，还在现代中，根本不是未来社会的样子。

后现代主义的影响甚至蔓延到文学之外的人文社会科学领域，后现代时尚不仅出现在社会科学中，还逐渐出现在自然科学中，在建筑、艺术、舞蹈、电影、新闻学、语言学、文艺批评、文学、音乐、哲学、摄影、宗教、雕塑、戏剧和音像等领域大量呈现，给我国的思想、文化乃至政治、经济等造成了一定的负面影响。

十、后现代主义关注的重点及其结果

持后现代主义观点的社会科学家们乐于把以下事物重新确定

为焦点：被视为理所当然的事物，被忽视的事物，有阻力的领域，被遗忘的事物，非理性的东西，无意义的事物，被压抑的东西，两可之间的东西，经典之物，神圣之物，传统之物，怪诞之物，崇高之物，受鄙视之物，被遗弃之物，无足轻重之物，边缘之物，外围之物，例外之物，脆弱之物，湮没之物，意外之物，被驱散之物，被取消资格之物，被延误之物，被分离瓦解之物等，即所有那些"现代人从不愿去深入了解和特别关注的事物"。

他们回避判断，从不"拥护"或"反对"什么，只是说"关心"某个话题或对某件事情"感兴趣"。他们提供"读物"而非"观察"，提供"阐释"而非"判决"，他们"思虑"此事物或彼事物。他们从不进行检验，因为检验需要"证据"，检验是一个在后现代参照系内无意义的概念。

后现代主义者给出的是不确定性而非决定论，是多样性而非统一性，是差异而非综合，是繁复而非简洁。他们注重的是独一无二的事物而非一般性事物，是文本间的关系而非因果性，是不可重复的事物而非反复出现的事物、约定俗成的事物或循规蹈矩的事物。按照后现代主义的观点，正如真理让步于猜测一样，社会科学变成了一个更主观和谦卑的事业。情绪上的信赖取代了客观观察上的努力。相对主义优先于客观性，片段优先于整体。

任何社会，任何时代，任何国家，都有好人形象的标准，比如正直、诚恳、热情、大方、睿智、责任、健康、理性等，对此，后现代主义坚决杜绝并予以毁灭。

历史是凝固的，时间和空间不受主观安排和决定，主观世界处于客观的时间和空间中。后现代主义却轻视历史，让历史随意起来，让空间、时间变动不居，一切地动山摇。

后现代主义蔑视真理，坚决阻击真理，见真理就爆破、回击，认为正面的论战是在追求真理，以强有力的方式才够劲儿，才是后现代主义。

后现代主义在认识论和方法论方面随心所欲，判断的标准和评价的标准完全没有章法。

十一、吸收后现代主义好的一面，反对其坏的一面

后现代主义是一种思维方式，进行社会科学研究时，可以按照这个思路去研究，去怀疑，去反思，去爆破"真理"；或者向相反的方向研究，以和后现代主义对着干的方式进行研究。总之，后现代主义能启发我们的思维。

了解后现代主义，能帮助我们欣赏和识别后现代主义方法论的研究思路，更好地理解使用后现代主义方法的作品和文章。

这一部分内容对深刻理解方法论非常有帮助。

十二、实用主义概述

实用主义的根本纲领是把确定信念作为出发点，而不是采取实事求是的态度，把现实作为出发点，因此实用主义本质上是

唯心的。实用主义把采取行动当作主要手段，把获得实际效果当作最高目的，更加体现出实用主义"全链条"的唯心主义基本特征。

实用主义认为认识源于经验，人们所能认识的只限于经验，至于经验的背后还有什么东西，那是不可知的，也不必问这个问题，所以实用主义的真理论实际上是一种不可知论。

概念、理论并不是世界的答案，判别它的意义和价值，是看其在实际应用中可感觉的效果。

实用主义方法论的根本原则是一切以效果、功用为标准。其目的在于调和唯物主义和唯心主义、科学和宗教等对立。实用主义不是什么系统的哲学理论，而是一种方法，反对首先设定最先存在的事物、原则或范畴，它只关注最后的事物和结果。

十三、实用主义的经验论

经验既不是主观的，也不是客观的，既包括心理意识等一切主观的东西，也包括事物、事件等一切客观的东西。

十四、实用主义的真理观

真理是经验与经验之间的一种关系。一种观念只要能把新、旧经验联系起来，给人带来具体的利益和满意的效果就是真理；一个观念是不是真理，以效用来判别。这样，有用与无用是划分真理和谬误的标准。

"有用便是真理。"观念、概念、理论等的真理性在于它们是否能有效充当人们行为的工具。如果观念、理论帮助人们在适应环境中排除了困难和苦恼，顺利完成了任务，那就是可靠的、有效的、真的；如果它们不能清除混乱、弊端，那就是假的。

十五、实用主义的历史观

认为历史无非是人们根据自己的需要、方便而构造出来的事件的堆积，并无客观规律性；反对机械论的历史观，否定了一切肯定历史客观必然性和规律性的思想。

十六、实用主义的伦理学

以行为的实际效用为善恶标准，把道德看作是应付环境的工具。实用主义者反对感情主义把伦理学与自然科学对立起来、把价值与事实割裂开来的观点，提出要建立所谓科学的伦理学。有用就是善的，无用就是恶的。

美国是实用主义的大本营。总之，一部分科学就是用这样的实用主义写成的。能知道别人的实用主义，能表达自我的实用主义，知己知彼，百战不殆。这是我们学习实用主义的目的。

十七、行动科学："摸着石头过河"式的学习

面对未知、复杂、混沌的领域，通过实践获得外部信息，调整下一次的行动策略，再获得反馈，反复循环，是人在行动中学习以及在学习中行动的二合一过程。在并无成功经验可循，没有现成解法，甚至于目标都尚未确定的情境下，人依然要学习，要行动。行动科学称其为"摸着石头过河"式的学习。

十八、行动科学：行胜于言

行动科学是一种从行为出发的科学，认为不要看别人说什么，而要看别人做什么。这种思路促使人们从事社会科学研究时，特别注重到现实中去观察个人、组织、团体的行为和行动，注意搜集这方面的信息，以找到真实的问题和问题的解决之道，而不是只看文献、读报告、读文件。

第四章

批判性思维

批判性思维的英文写法是 Critical Thinking。据说，在国外，尤其是北美的大学里，批判性思维内涵广泛，哲学家、教育家和心理学家基于不同的理念形成了关于批判性思维的不同看法，编写出大量具有不同风格的批判性思维方面的教材。这是本科生的一门必修课程，致力于培养训练科研习惯和科研能力，主要探讨思维的正确性和有效性。

批判性思维与逻辑学相关但不同。广义上，逻辑包括思维规律和客观规律。狭义上，逻辑指思维规律，包括形式逻辑和数理逻辑（符号逻辑）。形式逻辑包括归纳逻辑与演绎逻辑。批判性思维探讨非形式、非数理的逻辑，是逻辑学的非形式和非数理方向的发展。

科研人员应重视实干，刻苦学习，勤奋劳动，认真钻研，任劳任怨，这些都是非常重要的。然而，科研人员还应该具有判断力、领悟力、选择力，这些能力和素质往往决定着方向、道路，甚至决定着成败、盛衰。判断力、领悟力、选择力衍生出来的决策能力也是科研人员的重要能力要素。虽然这种能力与先天有很大的关系，但是无须任其自然，可以从现在开始注重培养批判性思维意识，掌握批判性思维的技巧，经过学习、训练，提升批判性思维能力和水平，以满足繁重的工作和研究需要。

　　本书第一章、第二章主要是对社会科学研究方法的概述，第三章讲述影响社会科学研究方法的根本问题——方法论的问题。方法论即研究方法的哲学基础，从根本上决定和规范着研究工作和研究活动。

　　本章重点讲述人的思维活动所涉及的一系列问题。思维受哲学基础的影响，也影响哲学基础，思维强烈作用和影响着具体的研究方法和研究工作。笼统而言，思维是工具，思维才是一切研究的研究方法。一切的研究方法都从属于思维工具。本章重点分析人的思维活动，为下一步学习具体的研究方法奠定基础。

　　本章之后将介绍各种具体的社会科学研究方法。

一、批判性思维概述

　　批判不等于否定，也不是指责谁，它就是一个思维活动。这里的"批"是评论、判断的意思。我们的大脑恰恰要通过批判才能做出判断，这个判断可能是"肯定"的，也可能是"否定"的。

　　批判性思维是一个思维的过程，教人如何做出可靠的判断。所谓"可靠"是可以信赖、可以实践的意思。批判性思维的终极目标在于形成正确的结论，做出明智的决定。

　　批判性思维引导研究人员树立深思熟虑的思考态度，尤其是理智的怀疑和反思态度，帮助培养清晰性、相关性、一致性、正当性、预见性和同理心等更好的思维品质，培养合理决定相信什么或者做什么的思维技能。批判性思维能帮助包括科研人员在内的所有人享受健康的精神生活，提高学习质量和工作效率。

因为人的思维存在先天缺陷，所以批判性思维力图削弱利己主义和社会中心主义，力图削弱被非理性、偏见和成见所扭曲的思想，力图削弱是非不分的社会规则与禁忌、个人利益以及既得利益影响；尽量不将复杂问题简单化，更不将简单问题复杂化，并尽力照顾到相关人员的权利与需求，以期建立一个公正的、是非分明的世界。

二、批判性思维对社会科学研究的重要意义

不是自然科学和技术科学不需要批判性思维，而是自然科学和技术科学的很多问题都可以采用实验的办法论证和解决，批判性思维对于自然科学和技术科学而言，没有像对社会科学那么重要和关键。

一些社会科学的问题无法通过实验的办法解决，更加倚重批判性思维这个"实验手段"，才能对问题形成更加科学可靠的结论。

三、批判性思维的技能要点

（一）信息数据准确

判断信息是否恰当，独立分析数据或信息，发现数据和信息与其来源之间的联系，筛选出矛盾的、不充分的、模糊的信息，选择支持力强的数据。

（二）主观客观要分清

区别事实和观点。基于数据而不是观点，建立令人信服的论证。

（三）证据方面

识别证据的不足、漏洞，并收集其他信息，有序地呈现增强说服力的证据。

（四）论证方面

洞察他人论证的陷阱和漏洞，识别论证的逻辑错误，清楚地表达论证及其语境，展开论证时避免无关因素，精准地运用证据为论证辩护，符合逻辑且言辞一致地组织论证。

（五）结论和方案方面

区分理性的断言和情感的断言，避免言过其实的结论，知道问题往往没有明确答案或唯一解决办法，不要将结论绝对化；提出替代方案并在决策时予以考虑，采取行动时考虑所有利益相关的主体。

在从事社会科学研究时，研究者要对上述环节充分注意，遵循批判性思维的规律，形成更加科学、正确和稳妥的研究结论。

四、无知糟糕，无理更糟糕

若批判性思维欠缺，即使掌握很多知识，也不能形成正确的结论和判断，于事实和实际毫无益处，害处却大很多。这样，与无知相比，无理将显得更加糟糕。

大学生接受高等教育，培养怀疑与反思精神、深思熟虑和严谨审慎的思考态度，形成追求清晰性、一致性、正当性和可靠性的思维习惯以及独立自主和自我校正的思维技能，是与储备知识、认真学习一样重要而紧迫的任务。

五、有层次地思考问题

思考问题要讲究层次，对于"鸡和蛋谁先谁后"这个问题，可用批判性思维进行如下三个层面的辨析。

　　首先，从经验的层面上，就鸡蛋所孵化的小鸡而言，当然是先有蛋，后有鸡；就这只小鸡长大后所生的蛋而言，当然是先有鸡，后有蛋。经验是片段的、局部的，不是整体的、连贯的，从经验的角度，不同的情况有不同的答案，这是允许的、可以的。如果在经验的层面上，仍然有人质问：你说先有蛋后有鸡，那鸡蛋又是从何而来的？这显然是在玩弄混淆概念的把戏，因为孵化出鸡的那只蛋与孵化出的鸡所生的蛋，两者"辈分"不同。自然界永远是父辈生子辈，明天永远在今天之后。

　　其次，从追根溯源和纯粹科学的层面上，"先有鸡还是先有蛋"的问题，从事实和科学上讲是错误的。根据生物进化论的常识，无论是鸡还是蛋，都是从非鸡非蛋的其他物种遗传、变异而来。"鸡和蛋谁先谁后"这个问题必须依靠"鸡在先"或者"蛋在先"这两个都不真实的命题才能提出来，所以说它是一个不恰当的问题。

　　最后，从逻辑的层面上分析，"先有鸡还是先有蛋"的问题就不再是一个问题，而是"恶性循环"这种思维错误的代名词。先有鸡还是先有蛋，隐含了两个对立的命题，即鸡生蛋和蛋生鸡，它们之间是恶性循环的关系，在逻辑的层面上，是一个伪命题。再比如，有这样一段议论："许多人并不了解自己，却试图去了解别人，那是不会成功的。因为连自己都不了解的人是不可能了解别人的。可是，话又说回来，要了解自己也的确十分困难，因为不了解别人对自己的评价，又怎么能做到自我了解呢？可见，了解别人是了解自我的一面镜子。"这段议论就是"恶性循环"

（又称"循环论证"），前面说"了解自我"是"了解别人"的前提，后面又说"了解别人"是"了解自我"的前提，这让人听了就会产生像"先有鸡还是先有蛋"这样的困惑。

在不同的层面上思考同一个问题，得出的结论完全不同。"鸡和蛋谁先谁后"的问题，在经验的层面上是一个容易解决和不大可能引起争议的问题；在理论的层面上，它变成了一个错误的问题；在逻辑的层面上，它不再是个问题，而是"恶性循环"的代名词。可见，在不同的层面上对同一个问题展开有条理的分析是非常重要的。

六、清晰性意味着思考问题有条理

夫妻对话一则：

妻：你晚上必须在家看孩子，我有急事要去学校。

夫：不行啊，我答应学生晚七点钟为他们指导辩论。

妻（不悦）：究竟是学生重要，还是孩子重要？

夫：咱家小孩儿能找别人帮忙看，我不去学校，学生找不到代替的老师，那么当然是学生重要了。

妻（更不悦）：既然你认为学生重要，那么喜欢他们，干脆跟他们去过好了！

让我们来看这段对话涉及的问题：孩子由谁来看是一个事实问题，谁更重要是一个价值问题；喜欢谁是一个情感偏好问题。在日常思考问题时，没有诉诸逻辑推理而是根据情感心理，把事实问题、价值问题和情感问题交织在一起，在同一时刻将太多的问题搅拌在一起思考是思维出现混乱的根源。

七、可以正确预见未来的信念是实用的

如果你拥有的信念能帮助你对周围的世界做出较好的理解和解释，而且能够对周围世界所发生的事件做出较好的预测和控制，那么你的信念就是实用的。

正确的预见能力能帮助人们避免行动的盲目性，预见性意味着行动的主动性，预见性也是批判性思维的有机组成部分。

八、避免自相矛盾的观点

在论证中同时认可具有矛盾关系或反对关系的陈述所表达的观点，就会发生自相矛盾的问题，例如：

1. 我在临就寝前从来不吃任何东西，可是当我在外面跑步很晚才回家时，由于实在太饿，在上床之前，我总是找到什么就吃点儿什么。

2. 妈妈，请您从中间把馅饼切开，把大一点的那一半给我。

3. 亲爱的，如果没有收到这封信，请你务必写信告诉我。

了解这些自相矛盾的观点，提醒自己在社会科学研究中，首先不要对那些自相矛盾的命题进行研究，这样南辕北辙，空耗精力，浪费生命。另外，在报告、论文或其他表达表述中，因为组

合了不同状态的经验和事实，合成以后的结果产生了矛盾的内容，不再是一个统一的正确结论，这预示自己的研究还需要下更大的功夫，需要引起特别的注意和重新研究。

九、问题误导

问题里包含错误的命题，被称为误导性问题。比如：

1. 贵公司在聘用雇员方面是否终止了歧视女性的做法？

2. 斑马是白色的，还是黑色的？

3. 你是惯于说谎呢，还是才学会说谎？

4. 你是听老师的话，还是听妈妈的话？

5. 飞碟是从哪里来的？

处理误导性问题的常规方法是对它做出修正性回答。修正性回答就是针对问题的预设，将一个多重问题拆分成单一问题，分别回答和处理不同的问题。

尽管我们有处理误导性问题的方法，但提问者有时不给你使用它的机会。误导性问题好比思维中的"病毒"，是一种难以清除的谬误。

十、情感型的理由和论证

在论证时，应该使用理性的力量而不是情感的力量。可是，在实际论证中，应用情感力量的情况却大量存在。虽然情感型论证很实用、很有效，但从理性方法论的角度看，这种论证属于非理性的论证范畴。情感型论证具有两面性，一方面可以起到很好的论证效果，另一方面可能造成很大的误导和错误。

（一）诉诸情感

诉诸情感的论证若能顺应某种特定的情感倾向，常常会产生使人信服的惊人力量。

1. 人身攻击

人身攻击指的是对人进行抨击、挖苦、指责、讽刺等，以否定或驳斥其提出的主张。"以人废言"就是这种情形。

1.1 人格人身攻击

人格人身攻击指的是通过诋毁对方的人格而不是摆出有力的证据来否定对方持有的主张或降低对方言论的可信度。相当于在一个人还没有机会开口讲话之前，便指责他是骗子，以此来暗示听者不要相信这个人所说的话。

1.2 处境人身攻击

处境人身攻击指的是通过谴责处在特殊环境中的人可能持有的偏见来驳斥对方的观点。例如，如果发现证人有作伪证的先例，或者与当事人有亲戚或利害关系，那么证人的证言就会受到合理的怀疑和削弱。合法地考查证人的真诚和作证能力并不是谬误，但是如果仅以证人曾作过伪证，便完全否定当前证人证言的证据效力，这就触犯了人身攻击的错误。

2. 诉诸恐惧

诉诸恐惧指的是通过激起人们的恐惧心理来迫使人们接受其主张的谬误。

3. 诉诸怜悯

诉诸怜悯指的是以值得同情为理由来证明自己的主张或要求是合理的。

4. 诉诸公众

诉诸公众指的是以大多数公众持有的信念以及公众狂热的情绪或强烈的愿望而不是客观严谨的理智分析为理由，促使人接受某种主张或者采取某种行动。

（二）诉诸权威

权威指的是在某个领域的某些方面成为结论性陈述或证明来源的个人或组织。正因为权威的意见值得接受、参考和引证，滥用权威甚至迷信权威的谬误也屡见不鲜，具体包括诉诸传统和诉诸起源两种形式。

（三）未确证的假设

论证的理由必须是真实可信的。如果理由的真实性悬而未决，那么它就不能为结论的真实性提供任何可靠的保证。我们把真实性悬而未决的陈述称为未确证的假设。下面介绍几种用未确证的假设作为论证材料的谬误。

1. 非黑即白

非黑即白是一种比喻性描述，意思是在黑与白之间还有灰色区，思考者却忽视了这些中间色的存在，把选择的范围只局限在黑与白两者之间，并做出非此即彼的选择。

2. 滑坡的谬误

A 可能会导致 B，B 可能会导致 C，C 可能会导致 D，D 可能会导致 E，E 可能会导致 F。由起点 A 到终点 F，中间增加得越多，其可能性的趋势越衰减。"A 可能会导致 F"这个结论就容易犯滑坡的谬误。

事实上，人们在做出预见时，对每一步的可能性不大可能做出精确判断或预测，但是随着链条的拉长，即使每一步都有很大的可能性，其总体的可能性呈衰减趋势却是显然的。但是在日常思维中的情况却与之相反，随着链条的拉长，对结论的确信度不是越来越低，而是在不断攀升。

比如下面的这则寓言故事：如果我不把这篮子鸡蛋卖掉，而是用它们孵小鸡，我就可以把小鸡养大，然后办一座养鸡场。有了钱以后，我再去买一对小猪，养大后让它们生小猪崽，然后办一座养猪场。最后，我就可以买一个农场了。边走边想时我突然跌了一跤，鸡蛋全被摔碎了。

这个故事告诉我们：在所预见的链条上，每一个环节都有可能由于其他因素的侵入而断开，如鸡蛋也许不能全部孵化出小鸡，小鸡未必能够全部存活下来等。

3. 循环论证

循环论证的间接形式是：因为 A，所以 B，因为 B，所以 C，因为 C，所以 D，因为 D，所以 A。例如，鲁迅在《论辩的魂灵》中有这样一段议论："我骂卖国贼，所以我是爱国者。爱国者的话是最有价值的，所以我的话是不错的，我的话既然不错，你就是卖国贼无疑了！"

循环论证的推论过程构成一个或长或短的封闭链环，不管其中间环节有多少，最后的结论也就是最初的理由，它犹如一个在原地打转的车轮，没有进展，所以又被称为"无进展"的谬误。

除了善于洞察隐藏在长篇大论中的循环论证，还要注意以下这种稀释了的循环论证手法。在论证中，人们以一些特别的修饰词，如"众所周知""毫无疑问""很明显"等，附着在某些陈述的前面并着意加以强调，但是如果接下来的陈述并非众所周知的，那么论证者就是在玩弄计策，把真实性尚有疑问的陈述当作真实性毫无疑问的陈述来使用。这种把真实性悬而未决的陈述理所当然地假定为真的手法，其意图在于隐藏某些可能是不真实的或站不住脚的理由。

4. 诉诸无知

推理的实质是由已知推断未知，诉诸无知本质上属于以真实性悬而未决的陈述作为论证理由的谬误。

在研究方法上讲述批判性思维，讲述哪些是不正当的理由，有助于我们尽量避免这样的错误，同时要用一双慧眼，去发现别人说话、写作以及研究时存在的错误，以提高科学研究的准确性和真理性。

十一、类比是一种归纳推理的论证方法

例举故事一则：我曾经被一种陌生的藤蔓碰到，然后皮肤立刻起了严重的皮疹。后来到其他地方徒步旅行时，又见到与那种藤蔓非常相似的植物，我避之不及。

类比推理简单易行，它根据两个事物之间具有的相似性作出推断。类比不仅协助人们创造了一些科学史上的伟大发现和发明，而且在日常生活中，也让人与人之间感同身受、心心相印。

类比是一种经常使用的简便而普遍的属于归纳形式的推理方式，例如："苏联的办法把农民挖得很苦。他们采取所谓义务交售制等项办法，把农民生产的东西拿走太多，给的代价又极低。他们这样来积累资金，使农民的生产积极性受到极大的损害。你要母鸡多生蛋，又不给它米吃，又要马儿跑得好，又要马儿不吃草。世界上哪有这样的道理！"毛主席在《论十大关系》里使用了类比推理。

十二、批判性阅读：读出真知，读出失败

为了科学研究，要认真阅读相关领域的文献，把文献里的真知灼见读出来，并补充到自己的研究中来，为自己将要进行的研究工作提供脉络、依据和基础。

同时，为了写作文献综述，在进行基础阅读时，从现有的文献中，更要读出文献的不足之处或失败之处，读出错误的或者不完整的结论，然后由我们接手该问题，继续研究并争取创造出新的结论和新的知识。

总之，吸收营养、发现漏洞是阅读文献和写作文献综述时的两个基本要点。

十三、推理未来

随着认识的不断深入和拓展，人需要不断处理更为复杂的信息和观点，不断解决更为艰巨的问题和难点。当不能依靠现象、事件、经验以及已知的现实来理解和判断时，特别是面对那些众多面向未来的问题，几乎是过去未曾发生过而且也不是眼前正在发生的事情时，当我们交流的以及思考的是表达诸如面向未来的预见、理想、规划、决策等时，只能依靠推理。

十四、价值判断不是论证

价值是指有助于人们的某种实际功效或利益。能满足人的需求的，被认为是有价值的；不能满足人的需要的，甚至妨碍人实现某种需求的，被认为是没价值的。

价值具有人的主体性，也就是具有某种需求的人是价值判断的中心，人是按照自己的需求是否被满足，以及被满足的程度，来衡量价值的有无和大小的。显然，价值判断因人而异，人的需求不同，欲望不同，得到满足的程度不同，做出的价值判断也不同。另外，价值判断具有明显的个体性，更加强调说话主体的想法，因此也具有排他性。

十五、批判性思维的障碍

价值、情感等非理性因素影响思维，但思维也是个技术活，人们不是一生下来就具备清晰和富有逻辑的思维能力的，后天的训练和学习能够提高人们的思维水平和思维质量，而思维的水平和质量决定着工作和生活的质量。

给工作和生活惹麻烦的思维，一一列举如下：

头脑不清醒、混乱或者很困惑；过早地下结论；没有听懂别人的言外之意；没有目标；没有注意到自己所做的假设；不够现实；做出毫无根据的假设；太重视琐事；想法没有重点；没有注意到矛盾的存在；想法与问题没有关联；相信不可靠的信息；想法混乱；问的问题模棱两可；思考问题时利用的是比较肤浅的概念；对问题的回答模棱两可；用词不当；问的问题太多；忽视看待问题的恰当视角；只能从自己的角度看问题；问的问题彼此之间毫无联系；意识不到自己的偏见；把不同类型的问题混淆在一起；思路狭隘；勉强回答一些无法回答的问题；思维不严密；得出结论所依据的信息不准确或者不相关；思维不合逻辑；故意忽略不能支持自己观点的信息；思维片面；仅凭经验就作出推断；

想法过于简单；歪曲事实；想法过于肤浅；没有注意到自己的推断出了何种结果；思考时以群体为中心；思考时以个体为中心；没有将推理与假设区分开来；得出不合理的结论；想法不理智；应对问题时没有仔细推理；决策欠佳；与人交流有问题；没有洞察到自己的无知……

上述种种思维问题可以概括为五类——自我中心主义、群体中心主义、无根据的假设、相对主义思维以及一厢情愿思维，它们都在极大程度上妨碍了人们运用批判性思维。对于种种思维问题和思维陷阱，我们在日常生活、工作学习以及科学研究中，都应该注意和避免。

十六、千万不要把不正常当作正常

看看下面这些思维方式，每个人都可以问问自己有多少。

1. 只和喜欢自己的人在一起，这样就没有人批评，没有矛盾了。

2. 不质疑自己的人际关系，也就不用处理复杂的人际关系问题了。

3. 如果被朋友或爱人批评，就表现出一副哀伤的神情，当然，还会沮丧地说："我还以为你是我的朋友呢！"或者"我还以为你真的爱我呢！"总之，表现出不用理性面对问题的特性。

4. 任何时候做了任性的事总能找到借口，不对任何事情负责任。如果实在找不到借口，就摆出一副抱歉无奈的样子说："我也不想这样！"

5. 只盯着生活的阴暗面，这样就能把自己伪装得很悲催、很受伤、很无奈，然后把问题和责任推给社会或他人。

6. 把自己的错误归咎于别人，不用为错误承担责任，更不用弥补过失。

7. 面对别人的批评，立刻反唇相讥，这样就不用再听他们说下去了。

8. 随波逐流，不操心自己的事和自己的责任。

9. 一旦得不到想要的东西就大闹一番，事后只是觉得自己有点情绪化而已。

10. 专注于自己想要的东西，以"如果我不为自己着想，谁还会为我着想"为理由，将极端自私自利合理化。

上述思维方式会造成许多问题，我们应该积极改正。

十七、批判性思维能力的补充：修辞

孔子说："言之无文，行而不远。"修辞和情感不等于逻辑和论证，但能大大帮助逻辑推理和论证取得更好的效果。

修辞和逻辑都很重要。修辞用来帮助赢得某人同意你的观点，逻辑用来证明或支持断言，这二者是各自独立的，是两条腿走路。为了让逻辑充分实现预期效果，可以引入修辞的力量予以渲染和完善。

修辞可能会影响人的心理，但它本身并不能确证什么。如果我们任凭自己的态度和信念被纯粹的修辞影响，那么我们就不是合格的批判性思维者。

批判性思维能力与修辞力是两种能力，要会区分和使用。区分是为了避免错误论据论证的逻辑推理，使用是为了加强正确论据论证的逻辑推理。

极端的修辞表现是煽动，应该格外注意辨别，需要调动人的批判性思维能力，予以理性分析，用以判别其真假对错。

第五章

怀疑方法

　　本书的第一章"启动社会科学研究"，是社会科学研究方法的开头。第二章"研究方法、研究范式和研究技术"，除了讲述整本书的脉络体系和章节之间的相互关系，重点讲述了作用于社会科学研究的三种哲学方法论，即实证主义、诠释主义和批判主义。第三章"人文社科方法论"主要阐述局部影响和局部作用于社会科学研究的一系列其他类型的哲学方法论。第四章"批判性思维"从方法论转移到思维论，就从事社会科学研究时具有全局性、整体性影响的思维展开讨论，提倡独立的、批判性的思维习惯，批判吸收别人的研究成果和研究结论，不轻易相信调查得到的材料以及自己形成的结论，要找到难点，发现问题，解决问题。

　　在第四章中笔者已多次表达过社会科学研究需要保持冷静的状态和怀疑的精神。从本章开始，笔者将逐一介绍具体的各类社会科学研究方法。一切科学研究均发端于致力改变现状、革新社会以及有所发明、有所创造，必首先从不满开始，从怀疑开始，因此本章专门讲述怀疑方法。

一、合理怀疑

怀疑方法是创造性的思维方法，是治学和研究问题的方法。要正确认识怀疑方法，正确使用怀疑方法，不能因怀疑一切而走向怀疑主义，不能因反对怀疑主义进而否定包括合理怀疑在内的一切怀疑。

在人类的认识发展史和思维发展史中，绝对主义和相对主义作为人类认识的两个极端，似乎成为人类认识上不可克服的顽症，绝对主义和相对主义的循环也似乎成为人类认识难以走出的"怪圈"，其根源在于怀疑方法的缺乏或怀疑的不合理。

现代社会科学研究要走出绝对主义和相对主义的"怪圈"，建构一种介于绝对主义和相对主义之间的合理的怀疑方法。

二、怀疑方法的辩证性和中介性

其一，辩证性。怀疑方法与怀疑论不同，怀疑方法既倡导人们勇于怀疑、大胆质疑，又告诫人们要防止怀疑一切、全盘否定。合理的怀疑方法是在承认客观真理的基础上，对原有认识中不合理或已过时部分的否定，并由此提出问题，促使人们去分析疑问、解答疑问，从而推动认识和实践向前发展。在这个意义上，合理的怀疑方法是唯物辩证法的重要内容。它在我们利用已有知识向客观真理接近但能力和条件受历史制约的情况下，承认我们一切知识的相对性，因此这种怀疑不是单纯的否定，而是辩证地扬弃。

其二，中介性。合理的怀疑方法不把怀疑本身作为目的，它不是虚无主义的为怀疑而怀疑的彻底否定，而是把怀疑作为探索知识、认识问题的重要方法，看作推进认识和实践合理化所必需的步骤和条件。怀疑方法是联系新旧认识和新旧实践的中介环节，一方面，它不满足于现状，并反思和批判现状；另一方面，它不断地构想未来，并成为认识未来和实践理想的催化剂，成为新旧认识或新旧实践的中介和通过现状达到理想的桥梁。怀疑方法不是在构建新的怀疑，而是在积极构建新的信任，引导人类更加逼近真理。

三、怀疑方法的认识论功能

其一，思想启蒙和解放功能。这是一种"破"的功能，即合理的怀疑方法能帮助人们解放思想、破除迷信。当一种理论被大多数人信奉以后，当一种权威确立以后，人们往往认为它是尽善尽美的，而不对它进行批评、修正或否定，同时人们由于思维定式，也不愿意进行这种批评、修正或否定，这必然严重阻碍科学理论的发展和社会的进步。欲立先破，不破不立。要扬弃传统的理论，改革既定的现状，就必须打破教条和迷信的束缚。

其二，拓新功能。这是一种"立"的功能，即合理的怀疑方法能使人们在"批判旧世界中发现新世界"。怀疑是思之始、学之端，随之必然立刻投入构建合理世界的进程。

其三，认识催化功能。合理的怀疑方法是推动人类认识和科学研究发展的内在动力。真理与疑问相互滋养，真理从争论开始。怀疑方法的功能不仅表现为不破不立，还表现为即破即立，破立几乎同步进行，它能及时帮助人们摆脱成见、偏见以及各种迷信、教条的束缚，为人类认识的进步开辟道路。不疑不悟，小疑小悟，大疑大悟，真理在论战中强化和深化。怀疑就是一种和平的战争，也必然催促人们快速集结力量攻关克难，进而解决问题。

其四，规范功能。合理的怀疑方法对人类的认识和科学研究起着一定的规范作用。再特立独行也是在质疑历史的基础上的，从本质上讲，我们的质疑、我们新产生的理论和结论并没有游离于被我们质疑的东西。

四、怀疑方法的主体条件

其一，实事求是的态度和作风。科学、合理的怀疑必须以一定的观察、调查或访谈的事实为根据，必须从实际出发，力戒主观主义，离开实事求是的怀疑只有坏处，没有好处。

其二，深厚的科学知识修养。科学、合理的怀疑要求怀疑者对相关专业必须相当精通，对相关领域比较了解，这样才能恰当地发现疑问、提出疑问、解答疑问。

其三，敏锐的逻辑思维技能。要自觉明晰科学研究的方法论，了解一定的批判性思维方法，掌握一定的科学研究方法。

其四，勇敢、谦逊的品质。怀疑需要勇气和胆识，怀疑者常常要为此承担种种风险，甚至要为此献出自己宝贵的生命。怀疑也需要谨慎和谦虚，大胆的怀疑、细心的研究和谦逊的作风相辅相成，真正的怀疑总是慎之又慎，否则，怀疑者就会沦为目空一切的虚无主义者和自高自大的狂妄分子。

第六章

定量方法

一、社会科学定量研究的可能性

唯物辩证法通过对社会现象数量的分析来把握其特殊性质。马克思曾依据一定的剩余价值率把 8 个人作为资本家雇工的最低限额。

一般而言，社会现象也都具有数量的规定性，都是质和量的统一体，社会科学定量研究有充分的根据。

定量研究社会科学即通过一定的计量手段，将一定社会现象数量方面的特征明确地标示出来，再比较分析这些数量关系，进而了解、掌握事物的现状、主次矛盾和发展趋势等。

社会现象中可以用数字精确度量和表示的有很多，比如人口、劳动生产率、国民总收入、固定资产、产值、生产总值、生产增长率、企业数目、经费支出量等。

社会现象中还有一些不能用数字精确度量和表示的，比如人际关系、思想状况、心理状态、组织结构等。此外，还有可以用同一性质但不同程度的系列概念来度量和标示的，比如表示关系程度的：很亲密、亲密、一般、有来往、疏远、无来往、敌对；

又如表示数量关系的：无、极个别、个别、少数、一部分、半数、多数、相当多数、绝大多数、全部；表示程度的：非常优秀、优秀、好、良好、较好、不太好、不好、很不好、坏、很坏、极坏等。这些不同的概念表示方式虽然缺乏数字的精确性，带有一定的模糊性，但在一个量级序列中也能将一定事物的相对数量关系明确地甚至以对应精确数字的方式表达出来。

二、社会科学定量研究的现实性

了解、掌握社会现象的数目或数量是把握社会现象的性质，预测社会发展趋向，揭示社会发展规律，进而做出合理决策以及实施具体实践的先决条件和依据。

列宁曾经指出："群众的人数有千百万，一政策应当是从千百万人着眼，而不是从几千人着眼。只有从千百万人着眼，才会有实事求是的政策。"从千百万人着眼而不是从几千人着眼，就是要反映社会绝大多数成员之所需、所想、所急，就是要体现和顺应社会发展的大势所趋和社会成员的人心所向，为合理组织社会实践活动提供准确、科学的依据。

现代社会对社会科学的精密化发展提出迫切需要。现代文明更加发达，现代工业更加先进，社会组织日益复杂，社会变化愈益剧烈，它要求人们在进行社会决策和社会实践时，能够及时、准确地掌握情况，能够科学地预测社会的变化，而这些都有赖于社会科学理论的实用化、精密化。

随着网络技术、计算机技术、人工智能技术和大数据技术的日益进步，我们可以更加便利地对人的活动以及大量社会现象进行数据分析，进而掌握更加具体且翔实的情况。在新技术条件下，社会科学的定量研究已经拥有了更为现实的基础和条件。

三、社会科学定量研究的基本方面

统计调查是获取对象具体数据的主要形式。按照不同的标准，统计调查可分为不同的类型。最基本的是按照调查对象的范围，分为全面调查和非全面调查。全面调查就是对调查对象的全部单位进行调查，如普遍调查就是一种全面调查。非全面调查就是对调查对象总体中的一部分单位进行调查，如重点调查、个别调查、抽样调查等。

四、变量与常量

变量是能够承载不同的值或类别的条件或特征。

常量是变量的单一值或类别，如"性别"变量是两个常量（男性和女性）的集合。"男性"类别（即常量）仅仅是一个事物的集合。它是构成"性别"变量的两个常量之一。性别可以不同，男性不会不同。因此，性别是一个变量，男性是一个常量。说到"年龄"变量，所有年龄构成变量的值（即常量），每个值（如18岁）是一个常量。

我们可以把变量理解为一系列事物，把常量理解为系列事物中的一个。

五、五种常见变量

自变量是引起另一个变量发生变化的变量，是一种原因变量。

因变量是因另一个变量而发生变化的变量，比如效果变量或结果变量。

互为影响和因果的变量之间，链条和环节比较长，为了更好地说明、描绘影响关系和因果关系，此时可以引入中介变量。中介变量出现在其他变量之间，是帮助描绘变量间互相影响过程的变量。

互为影响和因果的变量之间还会受其他因素的影响，而其他因素又不在这个影响和因果的直接范围内，此时可以引入调节变量。调节变量是描绘在不同条件或情况下利益关系如何发生变化的变量。

无关变量不能按照字面的意思理解，无关变量其实与事物的变化有关，在解释一项结果时，与自变量产生竞争的变量就是无关变量。比如，也许人们所观察到的喝咖啡与癌症的关系实际上是吸烟造成的。

第七章

观测和测量

从另一个角度理解，前面所讲的"怀疑方法"和"定量方法"并不是专门的研究方法，怀疑方法与批判性思维更接近，是一种与科研态度、科研精神相关的思想状态；定量方法从本质上说不是一种具体的科研方法。科研方法可以分为定量和定性两种类别，本书的前半部分主要讲述偏向定量的科研方法，后半部分主要讲述偏向定性的科研方法。

本章真正开始介绍具体的科研方法。

一、社会科学观测方法的意义

由于观察、实验等方法在自然科学中取得成功并逐步向社会科学领域移入渗透，社会科学研究逐渐摆脱单纯思辨哲学的特色，并朝着实证化、科学化的方向发展。

我们应将认识活动自觉地建立在可观测、可统计、可验证的社会对象和思想资料的基础上，反对在社会科学研究中一味依赖主观臆想和纯粹的理论思辨。如果只是坐而论道，不深入现实，在今天的社会中，十有八九要走入脱离社会现实的危险。

观测方法对提炼问题和收集资料具有重要意义，是一种实证的、经验的社会认识方法，在社会科学研究中发挥着重要作用。

二、关于社会科学观测方法的诘难

一种极端观点认为，现实世界只是行动者主观解释的产物，别人和旁观者无法解释，它除了社会行动者赋予的意义，本身并没有什么实际的存在。社会认识只有从认识主体的主观价值、情感、理想出发去感觉、领悟、体验，才能获得社会、人生的真谛。社会科学研究者把社会现象看作实际存在的事物并试图寻求其原因的做法是毫无意义的。社会与自然完全不同，社会历史是由具有主观意识和意志的人创造的，所以社会完全是一个意义的世界，这个意义世界没有客观的现实和感性的形式，社会过程完全是一种随人们对其意义的理解变化而变化的主观过程，毫无客观规律而言，毫无普遍秩序、内在联系可循。

总之，这种极端观点认为社会领域没有规律可言，既然没有规律，非要观察，就等于刻舟求剑了，既然没有规律，又何谈观察？

另一种极端观点认为，社会历史是人有意识、有目的的产物，是由个别、偶然、具体的事件构成的，它们之间根本没有任何"共同性"和"重复性"，无任何规律可循。对主观、偶然的世界，无法用客观、实证的科学方法加以把握，对社会现象进行所谓科学观测、实证分析只能是歪曲和误解社会现实。因此，社会认识只能从认识主体的价值观出发，去记述那些一次性的、个别的、有意义的事件，而不能采取任何科学观测的方法去寻求各社会现象之间的客观联系。

这个极端观点认为，即使有规律，也非常局部、分散、个体，人的精力、时间有限，无法把无数的个体都观察到、研究到，凭个人和集体的力量无法遍及所有的局部，即使拿到了局部的规律，也是没有意义的。

应该说，上述极端观点突出了人类社会同自然世界的本质区别，看到了社会历史的目的性和个别性，有其合理的一面。

但由此而一味夸大，推至极端，断言社会世界纯粹就是主观意义的世界，毫无客观感性的存在形式可言，断言社会现象完全是个别、偶然事件的杂乱堆积，毫无规律秩序可循，进而完全否认社会观测的可能性和必要性，是不正确的。

马克思主义辩证唯物主义和历史唯物主义认为世界是客观性和主观性的有机统一。人类有主观能动性，社会规律也有客观性。社会可以被认识和观察，社会更可以被改造和重塑。

三、社会科学与自然科学观测方法的比较

（一）介入程度

在自然观测中，观测者一般从外部观测，不必也难以介入正在观测的对象中。而在社会观测中，观测者从事社会调查，往往

要深入观测对象中。

在自然观测中，观测对象为自然物体，自然物体没有内部意识，因而它总是以完全相同的方式对一种特定的刺激做出反应，观测者不必担心它会察言观色、因人而异。在社会观测中，会出现伪装、假象，因此社会观测还要了解观察对象的观念、动机。而人的内在本质、思想观念等只有在人们的社会关系中或通过人们的交往活动才能表现出来，也才能为他人和自身所了解。

（二）时态特点

自然观测大多在共时态意义上进行，社会观测除了要做共时态的静态观测，还必须进行历时态的动态考察，即历史的考察。

一般来说，自然界的变化是完全自在的、盲目的，因而具有缓慢性、相对稳定性。我们今天看到的自然界同几千年前的自然界基本相同，因此在自然观测中，除了宇宙生成、动植物遗传和生态学等学科，自然物质一般都被当作"死"物看待，所以只需要对其做共时态的观测，而很少去考察它的历史和发展趋势。一个正确的自然观测结果也往往对过去、现在和将来都有效。

社会观测除了要对社会现象的横断面进行共时态的静态观测，还要进行历时态的追踪考察，从对象的发生、发展过程中，从历史的内在联系中去把握对象，发现其运动规律和发展趋势。在社会观测中，永远不能奢望一蹴而就、一劳永逸。

自然不是没有发展史，那种自然的历史对观察自然结论的意义不大。社会和人的历史对现实的、未来的社会和人具有重要意义，这是社会科学注重历史考察的根本原因。

（三）价值特性

在自然观测中，主体和客体双方异质异构，观测主体容易保持价值中立；而在社会观测中，主客双方彼此交叉、互相缠绕，观测活动往往具有价值非中立性。

我们人类对自然万物不是没有感情的，是可以深深共情的。但与对待社会而言，那是完全不同类型的情感投入和共情体验，中国古代老庄道家所提倡的人与天地万物同且通的境界，一般人很难达到。

（四）环境调控

在自然观测中，实验的环境可以严格控制；而在社会观测中，则很难严格控制，从而使社会观测的精确性和可靠性大打折扣。

（五）观测中介手段

社会活动此起彼伏，世界大势浩浩荡荡，不会静待别人来研究和观察，社会不会等待观测者，观测者与社会现实未必同步，也未必能够无障碍理解，如不借助一定的社会观测中介，社会观测主体便无法直接把握社会客体。就实物形态而言，自然观测往往凭借作为感官延伸的工具、仪器直接接触自然物质，获取对自然物质的感性认识。社会科学的观测中介可以是文献，可以是不与事情直接相关的其他知情人员，可以是历史见证者，可以是帮助佐证某一事实的事件等。

总之，社会观测通往客观性、精确化的道路较之自然观测更为复杂和艰难。既不能以自然观测的标准简单地衡量社会观测，也不能因社会观测不能达到与自然观测一样的客观性、精确性就不认真设计和从事社会观测，完全可以按照社会科学的发展规律，走出一条科学从事社会科学研究的正确道路。

四、社会科学观测者必备的素质

第一，诚恳虚心的态度。自然观测的客体没有意识，没有应答，观测者对观测对象的态度好坏不影响观测对象的状态和反应。而社会观测面对活生生的人和事，这些作为被观测者的人一般会视观测者的态度来回答问题、做出反应等，他们一旦发现观测者不诚恳虚心，就会心存疑虑，也随即关闭心灵的大门。即使回答，也可能会凑合、简化乃至应付和回避。社会观测主体要想获得真实的社会资料，必须态度诚恳，和被观测者做知心朋友，体验他们的生活，甚至拜他们为师。诚恳虚心的态度是社会观测主体的最基本素质之一。

第二，敏锐的洞察力。社会现象异常复杂，既包含外在的感性形式，又具有内在的主观因素，有时二者并非完全一致，虚虚实实、假假真真，难以分辨。社会事件经常变化多端，如果没有敏锐的洞察力，缺乏从蛛丝马迹处发现线索、从变动不居中捕捉信息的本领，那么社会观测主体就很难触及社会本质。

第三，不辞劳苦深入现场的勇气和毅力。社会观测不能靠坐在书斋中冥思苦想，必须深入现场实地，广泛采访调查，获取第一手资料。

第四，善于搜集和分析数据。一般来说，具有中等数理统计水平的社会观测者只能做粗略的定性分析，比如表格的统计以及百分比的计算等。而学过高等数学数理统计的社会观测者多能有效跨入社会统计分析的门槛，进行高水平的数据分析。

五、社会测量

测量即根据一定的法则，将某种事物和现象所具有的属性或特征用数字或符号表示出来。测量是进行科学研究不可或缺的重要手段，自然科学如此，社会科学也不例外，唯一不同的是测量方法。自然科学中的测量更多的是借助仪器进行，而社会科学中的测量通常是借助问卷、访谈提纲、量表等进行。

对社会现象的度量就是社会测量，是社会科学研究过程中的必要环节之一。

六、演绎型测量和归纳型测量

具体从事社会现象测量研究的时候，有可能按照两个不同的方向发展，分别是演绎型和归纳型。

假设某种科学研究从大处着眼，想要在这个领域有所发现，然而对一个庞大的概念和主题无从下手，无法研究，因此要将宏观的问题、抽象的概念和模糊的现象进一步细化和细分，进行具体化和明确化的工作。从整体上看，这些细分出来的部分从属于预定的抽象的、整体的、宏观的范畴，但是已经被具体化和明确化了，再也不是杂糅很多内涵的混沌之物，而是可以更加明确把握的概念和现象了。这时，为了搞清楚这个具体的东西，人们就会想出具体的办法，进行精确测量。

比如，准备研究"剥夺"这个社会现象，因这个概念和社会现象内涵杂乱、表现笼统，故无法对其进行具体测量。那么先将"剥夺"细分为社会剥夺、肉体剥夺、经济剥夺、政治剥夺、精神剥夺等，针对细分出来的每一种具体的剥夺形式，能比较容易找到研究的办法。先看"社会剥夺"，这个概念依然有些笼统，依然难以把握，此时继续细分，将"社会剥夺"分为社会歧视、社会孤立和社会技能丧失等，这样"社会剥夺"的内涵就更加具体化了。"社会歧视"可以用性别歧视、职业歧视等指标测量；"社会孤立"可以用朋友数目、家庭关系、社会参与等指标测量；"社会技能丧失"可以用教育程度、专业技术能力等指标测量。这样，由一个抽象的概念出发，抽象的概念如同大血管和心脏，然后用众多的中小血管和庞大的毛细血管系统将原始主题填充丰富和完整，最终形成可靠的研究结论。

演绎式的科学研究一般也可概括为概念的形成、概念的界定、选择测量指标、编制综合指标四个步骤。

另一种科学研究是自下而上的。先到现实和实践中，摸索和总结大量的第一手、细节的资料，逐渐往上面归纳和总结，形成更大的规律性结论，随着实际情况，调整结论的内涵和外延，研究者的思路也随客观情况的变化而变化，一样可以形成科学有效的研究结论，归纳型研究的效果一样很好。

七、测量的层次

社会科学研究中涉及的现象具有不同的性质或特征，因此对于不同的变量，需要使用不同的测量尺度和测量方法。测量分为不同类型，主要包括定类测量、定序测量和定距测量三种。

定类测量要依属性或特征将被测量事物分类，形成或大或小的分类体系。例如，将性别变量标记为男、女，将世界种族变量标记为黄色人种、白色人种、黑色人种等。定类测量在本质上是一个分类体系，所以应当注意所分类别的完整性，即分类变量的穷尽性，如果列举不完整，经常在最后附一个"其他"类，同时要保证分类变量之间的互斥性，不能交叉重叠。

定序测量又称等级测量、顺序测量。定序测量同定类测量一样，由相互排斥和包罗无遗的种类组成。比如，测量文化程度时，可以分为文盲、半文盲、小学、中学、大专、大学及以上学历。测量人们对生活的满意度，可以分为：非常不满意、比较不满意、比较满意、非常满意等。这些是由小到大的排列顺序，都是定序测量。

定距测量首先将事物或社会现象区分为不同的类别，然后再比较它们之间的差异。比如，某甲的智商为 140，某乙的智商为 110，得出某甲的智商比某乙的智商高 30 的结论。

八、常用量表

（一）社会距离量表

一个人与某一个群体之间存在不同程度的相互关系，社会距离量表定量地测量人们的交往程度和关系深度。

比如，研究调查对象对某国人的态度，可用社会距离量表来测量。

序号	关系类型	请在你同意的关系类型里打"√"
1	愿意让你的子女与某国人结婚	
2	愿意让某国人成为你的朋友	
3	愿意让某国人成为你的邻居	
4	愿意让某国人成为你的同事	
5	愿意让某国人成为中国公民	
6	愿意让某国人以游客的身份来中国旅游	

（二）评定量表

由一组对某事物的态度或看法的陈述组成，在正式的量表上，一般将这些陈述分成"非常同意、同意、不知道、不同意、非常不同意"五类，或者"赞成、比较赞成、无所谓、比较反对、反对"五类，而不是简单分成"同意"和"不同意"两类。根据每个调查对象回答的积极程度分别赋予5分、4分、3分、2分、1分，将其所得的分数累加得到一个总分，这个总分就能反映出调查对象对某个议题的态度。由于调查对象的分数为各项目得分的加总，故又称这种评定量表为总加量表。

题号	问项	赞成 （5分）	比较赞成 （4分）	无所谓 （3分）	比较反对 （2分）	反对 （1分）
1	因为艾滋病可以预防，所以我们应该注重预防而不是治疗。					
2	艾滋病患者是罪有应得。					
3	艾滋病会影响我们每一个人。					
4	艾滋病患者应该和其他人一样得到同等对待。					
5	艾滋病永远不会发生在我身上。					
6	艾滋病是容易感染的。					
7	每个人感染艾滋病的机会是一样的。					

（续表）

题号	问项	赞成 （5分）	比较赞成 （4分）	无所谓 （3分）	比较反对 （2分）	反对 （1分）
8	艾滋病是一种如果不小心就会被感染上的疾病。					
9	如果你感染上艾滋病，你仍能过正常的生活。					
10	艾滋病是有益的，因为它有助于控制人口。					
11	只要我遵循一夫一妻制，我就不会感染艾滋病。					

（三）语义差异量表

利用形容词来测量调查对象对某些事物的主观感受和态度，是一种用于测量人们如何感觉某个概念、物体或其他人的间接测量工具。通过两极化的形容词或副词作为题目，让调查对象根据自己的想法与感受，在两极之间标定位置，借以表达自己的看法。

例如：

教师评价

快乐……平淡……沉默……悲哀

不公平……基本公平……公平……特别公平

平和……急躁……凶猛

第八章

问　卷

一、问卷与量表的区别与联系

问卷就是一系列问题的集合，可以自由安排问题，不需要具有普遍的应用价值。尽管也有不少高水平、艰深、系统的问卷，但总体而言，问卷要随便得多，就是一种调查统计的工具。

量表是标准化的测量工具，有点类似于数学公式。量表有信度和效度的要求，只有达到合格的信效度，并且经过大量的应用验证，才能被称作量表。编制量表很困难，一般要用几年甚至更多的时间，需要大量的数据验证。

问卷与量表的性质不同。问卷法属于质化研究，量表法属于量化研究。

二、问卷法概述

问卷法利用精心设计的问卷搜集资料，大多通过邮寄、个别分送或集体分发等多种方式发放问卷，被调查者按照问卷的要求来填写答案。问卷法更为详细、完整和易于控制，因而具有标准统一、形式规范、易量化、易比较的优点，特别适用于调查了解那些重大对象的状况、性质和特征等。

问卷可以用于收集定量数据、定性数据和混合型数据。

三、编制问卷的原则

原则 1：确保问卷题项与研究目标相匹配。

编制问卷之前，一定要彻底清楚和完整掌握研究的总目标，将所有可能穷尽，不能中途再增加什么，否则会打乱问卷整体的系统性，重新调整必然费时费力。

原则 2：理解你的研究参与者。

需要换位思考，一定设身处地为参与者着想。必须让参与者感到这份问卷很有趣、很重要，如果参与者看到问卷后感到既没意义又没意思，那么这份问卷很难起到有效调查的目的。

原则 3：使用自然且熟悉的语言。

使用问卷填写者熟悉的语言，尽量不使用专业用语和行业用语。如果问卷语言高于阅读者的理解水平，那么他们就会猜答案，而不是基于事实回答问卷。同样，如果面对高水平参与者，却采用低浅的语言和问题，可能会让对方不重视这份问卷，调查结果也不会好。总之，问卷设计是简单还是复杂，要根据问卷参与者的情况而定。

原则 4：撰写题项要清晰、准确并且相对简短。

无论问卷简单或者深奥，语言都要清晰、准确、简短、精练，因为无论是高水平研究还是一般研究，参与者都期待使用更少的时间和精力完成任务。所以，清晰、准确、简短、精练是问卷语言的共同要求。

原则 5：不要使用诱导性问题或暗示性问题。

不应该出现暗含答案的问题，让问卷填写者客观应答。

原则 6：避免双重目的问题。

指一个问题包含两个及以上的子问题或是多个态度目标。比如"你认为教师应该与家长和学校管理者有更多的联系吗？"

原则 7：避免双重否定。

"教师不应该做如下事情：开除学生（ ）不应该（ ）应该。"这是双重否定问题，应该避免。

原则 8：确定采用开放式问题还是封闭式问题。

开放式问题可以随意回答，封闭式问题只能在选项中回答。

原则 9：封闭式问题的反应项要相互排斥且穷尽所有可能。如：

☐ 30 岁或以下

☐ 31 岁至 60 岁

☐ 61 岁或更年长

原则 10：考虑可用于封闭式问卷题项的不同类型反应项。

一种方法是数值型等级量表，由一组数字和固定端点组成。比如：

你认为你所在学校校长的总体工作表现如何？

非常低 1 2 3 4 5 6 7 8 9 10 非常高

另一种方法是语义差异量表，用于测量参与者对题干中提出的各种态度目标或概念所作出的意义定位。比如：善于交际的—不善于交际的，和蔼的—残酷的，成功的—不成功的，在两个极端之间，选择一个点，并标注一个形容词。

原则 11：为了提高测量的信度和效度，使用多个含义相反的题项混同在一组题项中，以减少、避免测量者的不稳定性和不确定性。

比如，下面是一个比较常用的多个题项量表，标注 * 的问题为反向问题：

	为下列 10 个问题分别选择一个答案	非常不同意	不同意	同意	非常同意
1	我觉得我是一个有价值的人，至少和其他人有同等的价值。	1	2	3	4
2	我觉得我有很多优良品质。	1	2	3	4
*3	我觉得自己是一个失败者。	1	2	3	4
4	我能够做得和大多数人一样好。	1	2	3	4
*5	我觉得我没有太多可值得骄傲之处。	1	2	3	4
6	我对自己持有一种积极的态度。	1	2	3	4
7	我对自己感到满意。	1	2	3	4
*8	我希望我能够更加地尊重自己。	1	2	3	4
*9	有时我觉得自己很没用。	1	2	3	4
*10	有时候我认为自己一点优点都没有。	1	2	3	4

原则12：避免使用可能引起强烈反应的问题。

要熟悉当下社会，什么词汇、哪些现象容易引起争论，容易让人反应过度。一旦这位测试者在填写问卷的时候，心情不平静了，他的判断很可能就不准确了，便不能使问卷实现应有的效果。

原则13：慎用反向措辞以防止多题项量表中的反应定势。

当参与者使用同一种或是相似的等级量表来评定多个题项时，就可能出现"反应定势"现象。所谓反应定势是指答题者在回答所有题目时都选择"是的"或是"同意"，而不选择"不是"或是"不同意"的答案。防止出现反应定势的一种方法就是在题项中使用反向词语或者反向记分。这种方法旨在鼓励参与者更加仔细地阅读问卷的每个题项。

原则14：进行问卷测试。

一项基本的研究规则是，在问卷应用于研究之前，对问卷进行"试用"，以确定其是否适合此项研究，然后再用于具体的研究中。

四、问卷的基本结构

问卷是调查研究中用来收集资料的主要工具，一般包含以下几个部分：封面语、指导语、问题和答案、预编码以及其他相关说明。

（一）封面语

一般印在问卷的封面或封二，向被调查者解释和说明调查目的以及有关事项，以争取获得被调查者的信任，获得积极的支持与配合。封面语的语言要简明、诚恳，篇幅不要太长，两三百字为宜。

（二）指导语

用来提示被调查者如何正确填写问卷或指导访问员正确完成问卷调查工作的解释和说明。

（三）问题和答案

这是问卷的主体，是问卷设计的主要内容。问卷中的问题在形式上可以分为开放式问题和封闭式问题两大类。

（四）预编码

预编码就是在问卷设计的同时，设计好每一个问题及答案的数字代码，并印制在问卷上。它一般限于答案类别已知的封闭式问题，或者回答已经是数字而不需转换的问题。其目的是便于把答案转换成数字，输入计算机进行处理和定量分析。而且有了预编码，问卷实际上可以作为编码簿来使用而不需转换问题。

（五）其他资料

除预编码以外，问卷还包括其他有关资料，如问卷编号、问卷发放及回收日期、调查员编号、审核员编号、被调查者住址等。

第九章

访　谈

一、访谈概述

被访者提供数据，访谈者从被访者那里收集数据，访谈是研究者或者为研究者工作的人向被访者提问从而收集数据的方法。

（一）探究性问题

访谈的优势在于研究者可以自由使用探究性问题，用于获得清晰的反馈或额外的补充信息。一些常用的探究性问题包括：还有其他的吗？其他理由呢？有关这一方面，您还能再谈谈吗？能告诉我您的想法是什么吗？您的意思是什么？您为什么会有那样的感觉？您认为哪一种更接近您的感受？

在访谈过程中，恰当、灵活和积极地使用这些问题，可以进一步引申和扩展访谈，获得更多、更深入和更明确的信息。

（二）访谈是一种人际交往

访谈者与被访者之间建立一种和谐关系非常重要，访谈应该是友好的。获得被访者的信任很重要，如果被访者不信任你，那你很有可能从其身上获得带有偏见的研究数据。同时，不管被访者对你说什么，你都必须保持中立。如果你对被访者陈述的内容作出积极或消极的回应，那么你就有可能影响被访者的回答。

一些用于建立信任和融洽关系的技巧包括：解释主办单位是谁，解释为什么要开展这项研究，向被访者说明其回答是匿名的或者是保密的。要让每个参与者明白研究的重要性，被访谈者的参与热情对研究来说非常重要。

（三）有效访谈的小技巧

1. 确保所有访谈者都接受了良好的培训。

2. 查找被访者的背景信息，对即将访谈的人有所了解。

3. 与被访者建立和谐、信任的关系。

4. 对被访者所说的内容感同身受且保持中立。

5. 用轻轻地点头和"啊、嗯"等词表示对被访者所说的话感兴趣。

6. 反思（即监督自己）。

7. 确保大部分时候都是被访者在说，而不是访问者在说。

8. 对被访者的性别、年龄以及文化习惯保持敏感。

9. 确保被访者清楚地知道具体问题。

10. 对于每一个问题，都要给予被访者充分的时间来回答。

11. 保持对访谈的控制，确保访谈聚焦于研究的主题。

12. 利用后续问题来获得清晰而深刻的回答。

13. 保持对被访者宝贵时间的尊重。

14. 通常应该对访谈录音。

15. 访谈结束后，检查笔记以及录音的质量与完整性。

二、定量访谈及访谈提纲设计

访谈提纲是数据收集的工具，是由研究者所写的一个脚本，由访谈者读给被访者听。访谈者同时在访谈提纲上记录被访者的回答。在现场访谈中，访谈提纲通常写在纸上；而在电话访谈或者视频访谈中，访谈提纲或写在纸上或呈现在电脑屏幕上。

定量访谈产生的数据大部分是定量的，随后研究者使用定量统计程序来分析这些定量数据。定量访谈提纲中通常还包含一些开放式题目。

定量访谈使用的访谈提纲与问卷非常相似，因此问卷编制原则同样适用于访谈提纲的编制。

尽管问卷与访谈提纲非常相似，但是二者在如何使用方面存在一个关键的不同。在进行访谈时，访谈者准确地读出写在访谈提纲中的问题与陈述，在访谈提纲的空白处记录被访者的回答。在使用问卷时，研究参与者自己阅读问卷上的问题，并在问卷空白处填写自己的回答。因呈现问题的形式不同，问卷与访谈在适用的场合和数据收集方面各有优势，表现不同。

三、定性访谈

定性访谈由开放式问题组成并收集定性数据。定性访谈又称为深度访谈,因为使用定性访谈可以获得有关参与者思想、信仰、知识、理智、动机、对某一主题的感觉等方面的深层次信息。定性访谈可以让研究者深入另一个人的内心世界并理解其观点。访谈者必须要与被访者建立信任、和谐的关系,如此被访者才容易提供其内心世界的信息。

访谈者应该仔细倾听,详细记录。当需要从被访者身上获得更加清晰而深入的信息时,访谈者可以使用能让对话深入下去的深度调查工具,使用大量的会话技巧。访谈者也可以提出定性访谈中可能会自然出现的后续问题。一次定性访谈的时间通常是30分钟至1个多小时。

四、访谈的类型

封闭式定量访谈:提前确定问题以及回答的类型。回答是固定的,被访者从这些固定的答案中进行选择。封闭式定量访谈主要有以下优点:数据分析简单,被访者的回答可直接进行比较且易于合并,在短时间内就能询问很多问题。作答者自身的经历与感受必须符合研究者事先设定的类型,可能得到的答案是非个人化的、不相关的、机械的。由于完全限制了被访者的回答选择，所以可能会曲解作答者的真正意思或者经验。

标准化开放式访谈（定性访谈）：提前确定问题的顺序与措辞。按照相同的顺序，向所有的被访者询问相同的基本问题。问题是以完全开放的形式进行措辞。作答者回答相同的问题，因此增加了回答的可比性；每一名参与者就访谈中提及的主题给出的数据都是完整的。当访谈者达到一定数量后，就会减少访谈者个人的效应与偏见。允许别人看到完整的评价工具，有利于数据的组织与分析。访谈在与特定个体、环境相联系方面缺乏灵活性。问题的标准化措辞可能会使回答不够自然，可能会限制问题与答案间的相关性。

访谈指引法（定性访谈）：访谈的主题与问题以访谈提纲的形式提前确定；在访谈过程中，访谈者来确定问题的顺序与措辞。访谈提纲增加了数据的完整性，使从每一位被访者身上收集的数据更系统，可以预计数据上的逻辑缺陷并避免这些缺陷。访谈在一定程度上保持交谈式的风格，当然也要视条件与环境而定，可能会无意中忽略一些重要而突出的主题。访谈者在提问顺序和措辞上的灵活性可能会导致被访者从不同的角度思考从而给予非常不同的回答，这大大降低了回答的可比性。

非正式会话访谈（定性访谈）：问题从当前情境中产生，在自然情境中进行提问；没有提前设定提问的主题与措辞，增加了问题的显著性与相关性；访谈基于观察并从观察开始，能够与个人、环境相匹配。用不同的问题向不同的人提问从而获得不同的信息；如果某一问题不能"自然地"引出，会导致访谈缺乏系统性和全面性，可能会使数据的组织与分析相当困难。

焦点小组访谈（定性访谈）：是一种团体访谈法，有一个主持人在访谈中引导一小群人进行讨论，从而详细了解小组成员对某一主题的所思所感。之所以称其为"焦点"小组访谈是因为主持人要保持小组中的成员集中围绕某一主题进行讨论。主持人通过使用开放式问题来引发小组讨论，扮演着讨论促进者的角色。焦点小组访谈多适用于收集小组成员言论中的定性数据。一个焦点小组由 6~12 名参与者构成，这些参与者是有目的地被挑选出来的，因为他们能给研究者提供其感兴趣的信息。小组主持人必须具备良好的人际交往技能，要了解如何促进小组讨论；要使每个人都参与研究者的问题讨论，避免由一人或两人主导讨论。如果发生冲突或权力争夺，主持人必须巧妙地将小组拉回讨论的主题上来。主持人知道关于某一特定主题的讨论何时已经穷尽，知道何时要转换提问以获得更多的信息。一般来讲，主持人都会有一个助手。助手负责观察小组讨论过程，必要时为主持人提供信息，并在整个过程中做好记录。焦点小组的主持人需要提问焦点小组访谈提纲中所有的开放式问题。访谈提纲基本上相当于一个访谈指引。访谈提纲上通常写着 10 个左右的开放式问题。在访谈提纲上，一般性问题通常放在前面，更加具体的问题则放在后面。主持人可以在 1~3 个小时内，在任何地方完成小组访谈。在访谈过程中，主持人不必做太多记录，因为通常会将焦点小组的访谈过程录制下来，以便稍后进行数据分析。

　　总之，上述五种主要的访谈方法、访谈方式，从固定到自由，从保守到开放，会给访谈者、研究者和被访谈人带来不同的感受和影响。

第十章

观察和调查

一、观察方法的概述

观察是一种收集数据的方法，是人醒着时用双眼最常做、几乎停不下来的事情。人观察着各种人、事、物，并获得与之相关的信息。

因为态度与行为之间可能存在不一致，人们并不总是按照他们所说的来做，不应该仅仅观察外在的行为，还应该考察内在的动机，并不停地衡量观察对象外在行为与内在动机一致性的问题。

这样，与通过测验、问卷、访谈等自陈式数据收集方法相比，观察方法的一个优势在于观察者可以记录真实的行为，识别人的表达与实际行为不符的问题。

观察的方法与自陈式方法相比，一般会消耗更多的时间，花费更多的精力。当人们知道自己正在被观察的时候，行为也会发生变化，这样通过观察方法便难以得到真实和实际的数据。观察者应尽量使自己不引人注目，如此才不会影响和干扰观察对象。

二、实验室观察和自然观察

我们可以在两种不同的环境下收集观察数据。

一是在实验室中观察，即在研究者创建的环境中观察。例如，研究者在实验室内通过一扇单向玻璃窗来观察儿童的行为。

二是在现实世界中观察，使观察者自然地融入行为发生的情境中，这是自然观察。

三、定量观察

定量观察是指为获得可靠的数据而将所有观察的程序予以标准化。通常包括下列事项的标准化：观察谁（研究哪一类人，比如是教师还是学生），观察什么（研究者要观察哪些变量，如完成任务的时间、离座行为），什么时候观察（早上、休息时间），在哪里观察（实验室、教室、餐厅、图书馆、操场等），如何观察（涉及对观察者进行大量训练）。定量观察通常会产生定量数据，例如频数或频率。

定量观察方法适用于观察不同的事件或行为。第一，研究者可能观察非语言行为（肢体动作、面部表情、姿势、眼神交流等）。第二，研究者可能观察空间行为（不同人之间的距离以及人与物之间的距离）。第三，研究者可能观察语言外的行为（说话的特征，如说话的速度、语气和音量）。第四，观察者可能观察语言行为（人们说什么和他们写什么）。

定量观察涉及两种观察的抽样技术。一种是时间间隔抽样，即在实际收集数据之前就规定好在某个特定时间间隔内观察事件。例如，一名观察者在每小时的前10分钟观察学生的行为。另一种是事件抽样，即仅在某一特定事件发生之后再进行观察。例如，当教师把一名学生送去校长办公室之后，观察教室里其他学生的行为。

四、定性观察

定性观察又称田野调查，即未提前确定具体要观察什么，所以要观察所有潜在相关的现象并做大量的田野笔记。定性观察通常应用于探索性研究，而且一般是在自然环境中进行。

由于事先没有明确的观察标准，容易让观察陷入漫无目的的情况，应该边观察边认真收集与研究相关的一切信息和数据，并不停地判断什么是重要的，应该记录哪些数据，舍弃哪些数据。

研究者将他们认为重要的东西记录在田野笔记上，要趁记忆清晰时尽快纠正、整理编辑在观察中所做的记录。如果等得太久，可能会忘记一些重要细节，甚至有可能看不懂那些潦草的笔记。在观察中，除了做田野笔记，还可以考虑对重要的场景录音和录像。

五、研究者在定性观察中所扮演的角色类型

完全参与者：扮演内部人员的角色，本质上成为被研究团体中的一员，需花大量的时间与该团体成员相处。因为完全参与者不会告知该团体内的成员正在被研究，所以很多研究者会从研究伦理方面来质问这一方法。

以参与为主的观察者：作为观察者的参与者试图扮演内部人员的角色，与完全参与者类似。作为观察者的参与者在现场花大量的时间参与和观察。然而作为观察者的参与者，会向被研究团体的成员解释并告知自己是研究者而非真正成员的真相。

以观察为主的参与者：作为参与者的观察者，其作为观察者的角色要远远大于作为参与者的角色。参与者充分意识到他们是研究中的一部分。作为参与者的观察者不会在现场花大量的时间，和参与者的互动有限而简短。

完全观察者：扮演一个外围的观察者角色。因不会被告知，被研究团体成员通常不知道他们正在被观察。

六、调查法的特点

系统收集被调查者观点、态度和行为等方面的主要相关信息，然后认真分析，借此认识与之相关的社会现象及其规律。调查法主要有如下特点：

第一，内容广泛。在实际调查中，社会生活的各个方面都可能成为调查的内容，人们的生活状况、社会问题、舆情民意、市场动态以及学术问题等，都在调查的范围内。调查涉及各个领域，从某一群体的社会背景、社会行为和社会活动到其主观的意见和态度，调查关注社会成员的各个方面。

第二，资料收集工具的特定性。调查研究采用调查问卷工具，并且有一套系统的、特定的程序要求，强调从某个调查总体中抽取一定规模的随机样本用于问卷调查。

第三，获取资料的及时性、代表性和概括性。科学的抽样程序调查研究可以节省时间，快速、高效地收集到有关某一调查总体的有代表性的详细资料和信息。

第四，定量分析资料。所获得的量化资料必须依据社会统计学的基本原理和方法，并借助计算机的辅助，完成相关的定量处理和分析，从而得出研究的结论。

七、调查法的应用

通过对人们社会背景、社会行为以及主观态度、社会意识的调查，不仅可以描述社会现象的一般状态，还可以对社会现象间的关系进行分析。

第一，行政统计调查。它主要指人口统计、资源统计等为国家管理机构等服务的调查，具有较强的宏观性和概括性，且多采用普遍调查的形式进行。它们对了解一个国家、一个地区或一个行业的基本情况有重要作用。

第二，生活状况调查。它通常是对某一时期、某一社区或某一社会群体的社会生活状况进行的调查。与行政统计调查不同，生活状况调查旨在了解人们日常社会生活各个方面的基本状况，能综合反映一个时期、一个地区或一个群体中人们总的社会生活状况。

第三，社会问题调查。即对社会中存在的各种社会问题进行的系统调查，比如留守儿童问题调查、青少年犯罪问题调查等。通过此类调查，研究者可以了解社会问题的现状，找出问题产生的原因，并为有效解决社会问题提出参考意见。

第四，市场调查。即为了拓展商品的销路，更好地为企业生产和销售服务，围绕某类产品或某种商品的市场占有率、顾客的购买情况、产品广告的宣传效果等所进行的调查。

第五，民意调查。也称民意测验或舆情调查，即围绕某些社会热点问题，对民众的意见、态度、意识等主观意向进行的调查。

第六，研究性调查。研究性调查不是对某一具体的社会现象和社会问题进行调查，而是致力于对某类社会现象所具有的一般规律或普遍法则进行探索和研究。

第十一章

抽　样

一、抽样的意义

抽样是指在研究中选取部分研究对象的方法与程序，在社会科学研究中有着广泛的应用。

社会科学研究的对象通常非常复杂，涉及社会生活的各个方面，既包括个体行动者，也包括群体、社区甚至全社会。观察、测量、调查、访谈，无论采用哪种研究方法，都不可能遍及一切研究对象，都难以对全部的对象做研究，而只能研究其中的一部分。在选取样本的时候，对这部分研究对象的选择就要依靠抽样来完成，需要掌握抽样的方法。

选取样本之后，通过分析有代表性的样本来研究样本所代表的总体。抽样的目的就是从研究对象总体中抽选出一部分，作为调查分析和研究的对象，并根据这一部分样本去推论其所代表总体的情况。

二、抽样的原理

抽样通常分为概率抽样和非概率抽样两大类，但以概率抽样为主。概率抽样的基本原理是概率论的随机原理。所谓随机原理，是指抽取样本时必须严格遵循一定的方法和规则，使总体中的每一个对象都有相同的机会被抽取为样本。这又称为等概率抽样。只有按照随机原则进行抽样，所抽出的样本才有充分的代表性。

三、抽样类型

（一）随机抽样

1. 简单随机抽样

按照随机原则从总体单位中直接抽取若干单位组成样本。简单随机抽样通常有以下两种抽样方法。

一是直接抽选法。从调查对象的总体中直接随机抽取若干样本，在总体数目较少时比较适用。常用的抓阄法即属此类。

二是随机数表法。将总体的所有单位编码，然后从随机数字表的任一起点开始抽取，直到选够所需的样本数为止。

2. 等距随机抽样

也称机械随机抽样或系统随机抽样，是指按照一定的间隔，从根据一定顺序排列起来的总体单位中抽取样本的方法。具体做法是：首先将总体各单位按照一定的顺序排列起来，编上序号，然后用总体单位数除以样本单位数，得出抽样间隔，依次按抽样间隔抽样，直到抽取最后一个样本为止。

在使用等距随机抽样方法时，要注意调查对象总体中有没有周期性的元素存在。例如，军队中每个连队班组的人数相同，若抽样框中排在第一位的是连（排、班）长，在以相同的间隔抽样时，就会抽选到太多同类别的人。如果有此现象的话，应尽量避免抽样间隔与总体周期性重复的情况。

3. 整群随机抽样

又称聚类抽样，先把总体分为若干个子群，然后一群一群地分别抽取样本单位。整群随机抽样的原则是：尽可能多地选取群，减少每个群中元素的数量。在样本数目一定的情况下，只有扩大群的数量，才能提高其代表性。

在整群随机抽样中，子群的规模有两种不同的情况：等规模和不等规模。若是等规模的子群，则容易处理；对于不等规模的子群，为了保证样本符合等概率性，可根据子群规模的不同，采用不等的抽样概率选取样本（从大群中抽取的样本数多，从小群中抽取的样本数少），从而保证各子群中的每个元素有相同的被选中概率。

（二）非随机抽样

在实际的调查过程中，还有一类抽样方法，即非随机抽样，它不是严格按照随机原则抽取样本，而是根据调查者的主观经验和主观判断选择样本。

与随机抽样相比，虽然非随机抽样的代表性差，提供的资料信息较零散，难以通过调查的结论对总体作出准确的推断，但是由于它非常简便易行，并能通过对样本的调查而大致了解总体的某些情况，对调查研究工作很有启发性。因此，它适用于那种调查对象的总体难以具体界定，以及不需要准确推断总体情况的调查。常用的非随机抽样方法主要有以下几种：

1. 偶遇抽样

调查者将自己在特定场合下偶然遇到的对象作为样本的抽样方法。如在商店门口、街头路口、车站码头、公园广场等公共场所，随便选取某些顾客、行人、旅客等作为样本进行调查研究。这种方法比较简单方便，适用于探索性研究，但样本的代表性较差，具有很大的偶然性。

2. 立意抽样

立意抽样也称主观抽样，是调查者根据自己的主观印象、以往的经验和对调查对象的了解来选取样本的抽样方法。这种方法具有很大的主观随意性。但是当对总体状况较为熟悉时，用这一抽样法所选择的样本具有较高的代表性。

3. 配额抽样

调查者首先确定所要抽取样本的数量，再按照一定的标准和比例分配样本，然后从符合标准的对象中任意地抽取样本。例如，可以根据研究目的把研究总体按性别、民族等变量进行分组，然后分配相应的样本数，再选取样本。

4.滚雪球抽样

以少量样本为基础，逐渐扩大样本的规模，直至找出足够的样本。此法适用于对调查总体不甚清楚的情况，常用于探索性的实地研究，特别适用于对小群体关系的研究。例如，要了解某个人经常交往的社会圈子，就可以通过这个人提供的线索找到更多与他有关联的人。

第十二章

定性方法

一、定性研究的实质

一花一世界，社会科学中的定性研究强调的是对个别的、具体的、特殊的社会事件和社会现象的把握，其根本目的是在这种具体分析的基础上掌握社会现象的内在本质、普遍性、重复性、规律性。

普遍性和特殊性、重复性和不重复性、必然性和偶然性，既对立又统一。社会现象本身是普遍性和特殊性、重复性和不重复性、必然性和偶然性的统一。但人们对这种统一性的认识只能从特殊的、不重复的和偶然的社会现象出发，去寻求那普遍的、重复的和必然的规律；而且对这种特殊的、不重复的和偶然的社会现象了解得越深刻、越透彻，对其普遍性、重复性和必然性本质和规律的认识越全面、越准确。

社会科学定性研究的实质在于：承认社会科学研究对象的客观实在性，把客观与主观、事实与意义、认知与评价、说明与理解辩证地统一起来，遵循实践论思维方式和科学认识方式，力求达到对社会事物客观的、合理的认识。

二、定性研究方法举例

（一）现象学

当开展现象学研究时，研究者试图理解一个或多个个体如何体验一种现象，要进入每个参与者的内心世界，从而理解被研究者的视角和体验。

（二）民族志

描述人群的文化并从群体成员的角度去了解作为个体成员的感受，要记录人群所共享的态度、价值观、标准、实践、互动模式、视角和语言等。

（三）个案研究

把每个个案都当成是存在于现实生活背景中的一个整体单位。譬如，对几位大学生找工作的个案研究，详细地了解这几位大学生的个人、社会和大学学习经历，在分析了每个个案后，其研究意义就不再仅限于这几位大学生而是有更深刻的内涵。

（四）扎根理论

将在研究中收集到的数据生成或发展为一个理论的定性方法。扎根理论是生成或解释理论的归纳性方法。

（五）历史研究

像编史书那样把欲研究领域的东西编辑一起，搜集材料、考证材料、选择材料、组织材料、分析与诠释材料、显示结论，这种史书的编撰和著作方式用于非历史领域，成为一种社会科学的研究方法。开展历史研究能使研究者更好地理解已经发生过的事件。

上述五种定性研究方法都有一个共同特点，都首先从局部、具体、微观即特殊性、不重复性和偶然性开始研究，最后都致力于得到或者形成一个相对普遍的、可重复展现的和相对必然的结论，都是在进行定性的研究。

三、定性研究的基本方面

（一）属性认定

社会事物具有某种特殊规定性，包含着个性与共性两个方面。个性是该社会现象与其他相关社会现象之间的差异性、区别性，共性是与其他相关社会现象之间在某些方面的相似性、共通性。定性研究要从个性研究开始以找到共性，要在把握一个事物的基础上，进而把握全部整体。

（二）类别归并

运用一定的标准将一定社会现象与某种程度上相似相通的其他社会现象联系起来，归为一类，同时与某种程度上相反相异的其他社会现象区别开来，分为异类。对社会现象的属性认定和类别归并要按照事物本身固有的属性从多方面来进行。归类研究是定性研究的基础和前提，为抽象出统一、整体、一般的规律做准备。

（三）价值判断

价值是客体的特定属性与主体某种需要之间的一种相符关系。如果客体具有某种能够以一定方式满足主体需要的属性，那么客体对主体来说就具有一定的价值。对一定社会现象是否具有价值的认识和判定构成了主体对客体的价值判断。价值也是客体的一种属性，但它不是对其他客体而言的，是对主体而言的，具体表现为对主体的某种有用性。因此，价值判断与一般属性认定的不同之处在于，它不是以其他相关事物为判断和认定的标准，而是以主体需要为标准。定性研究最终要发现一般规律，指导人的实践活动，在形成结论的过程中，人的价值判断一直伴随左右，以保证最终结论的价值性意义。

第十三章

比较研究法

一、比较研究法概述

比较研究法又称类比分析法，是指对两个或两个以上的事物或对象加以对比，以找出它们之间相似性与差异性的一种分析方法。

社会科学中的定性研究主要运用比较方法。事物的特殊属性是在与其他事物的比较中凸现出来的。通过比较分析，人们能够把杂乱的感性材料分门别类，区分其真假、精粗、彼此、表里，这样才能找到事物中比较稳定的联系，为更深入的理解奠定基础。比较方法在本质上是一种在联系中把握特定事物的方法。

比较分析是多种多样的，结构、功能、数量、质量、原因、外形、系统、纵向、横向、历史等，都可以作为比较分析的方面，比较分析总是随着人类实践和认识的发展而不断更新。

比较研究也是一种思维方式，因此一系列与此思维方式相关的学科纷纷出现，社会学、人类学、经济学、教育学、政治学、法学、哲学、文学、历史学、文化学等，都建立了自己的应用比较方法的子学科。

比较是人们认识事物的一种基本方法，是一种重要的研究分析方法，已在社会科学研究中广泛应用。

二、比较研究法的原则

比较法是从事社会科学研究所必需的方法，但不是随时随处都可以使用的，要符合一定的条件和原则。

（一）可比性原则

进行比较研究时应注意社会单位的可比性。如果比较两个或两个以上的社会或国家，那么一般主要做宏观层面的对比分析。如果比较微观层面的社会事实，也要遵循可比性的原则。

（二）横向比较与纵向比较相结合的原则

横向比较是指对同一时期的不同对象进行对比分析，也可以对同类事物内部的不同部分进行对比。纵向比较是指对同一对象在不同时期的状况进行对比分析，主要着眼于历史发展，比如研究某一个国家现代化发展不同阶段的特征，研究中国农村在改革前与改革后的社会生活状况等。

（三）相同相似性比较与相异性比较相结合的原则

许多事物之间既有相同或相似性，又有差异性。进行比较分析的一个重要原则和目的，就是找出事物之间的共同点和不同点，从而加深对它们的认识，进行区别对待。比较事物之间共同点的目的在于把具有相同或相似性质的对象归入同类作分析，这样有助于概括事物的本质特征。而对事物差异的比较，有助于区分和鉴别事物的不同类型，分析各种类型事物的不同特点。

三、比较研究法的类型

比较法可以分为个案比较研究、文化背景比较研究、各国比较研究和超国家比较研究；还可以分为类型比较法（横向比较）、历史比较法（纵向比较）和理论与事实比较法。

（一）类型比较法（横向比较）

又叫共时性比较法。进行类型比较，首先要对各种事物进行分类整理，然后对不同的具体社会现象或各种不同类型的事物，在同一标准下进行比较。

比如，确定社会个体的特殊社会规定性时，要从姓名、性别、年龄、族别、国别、家庭出身、文化程度、职业职称、社会关系、主要经历、所获荣誉等各个方面加以考察，并且可以依照不同方面而将其归为不同的社会集团、社会阶层或类别。而对个体的全面把握必须要建立在这多种规定的统一性基础上。

（二）历史比较法（纵向比较）

按纵向时间轴进行历史比较的方法，研究同一社会对象在不同时间内的具体形态，按照时间顺序解释同一社会内部或不同社会中的社会现象或事物的相似性和差异性。

比如，马克思关于人类五种社会形态的科学论断，是运用历史比较法从总体上研究人类历史的科学结论。从一种角度把同一社会在不同历史发展阶段中具有的次级本质特征揭示出来，显示出历史发展的阶段性、间断性，又在阶段之间的联系中揭示历史发展的连续性，从而将社会空间在时间中的变化与发展清晰明白地展现在人们眼前，让社会发展中的重复性、规律性、必然性能够在历史进化的过程中得到揭示和说明。

（三）理论与事实比较方法

要坚持理论联系实际，实践是检验真理的唯一标准。将已有的社会理论研究结果与新观察到的经验事实相比较，判断其是否一致、符合。在理论与社会事实的比较研究中，基点是理论应符合实际，而不是为了维护理论的"权威"而用理论"裁剪"实际。通过这种比较，发展理论，规范理论，使得原有理论所不能概括和表现的新社会事实，能够借助新的理论框架、概念规范和表述方式得到正确揭示和阐释。

第十四章

实地研究法

实地研究法其实也是一种观测和测量的研究方法，与本书前面所讲的观测和测量既存在相同的地方，又存在差异。使用观测和测量的研究方法时，研究者与研究对象分离；而使用实地研究法时，研究者与使用研究对象不分离，共处的时间略长些、关联大些且接触得多些。观测和测量的研究方法需要使用各种测量工具，实地研究法可以使用工具，但一般不需要使用各种测量工具。

一、实地研究法概述

实地研究法不同于实地调查法，是指在不带有理论假设的情况下，直接深入社会生活，采用观察、访问等方法收集基本信息或原始资料，然后依靠研究者本人的理解和抽象概括，从收集来的第一手资料中得出基本结论。实地研究法是更适于指导社会科学研究全过程的研究方式，是处于方法论和具体方法技术之间的一种基本研究方式。实地研究法收集的资料通常是定性资料，主要通过参与观察、无结构式访问等方法收集资料，并用具有相当主观色彩的定性分析方法分析资料。

实地研究法旨在分析理论和建构理论，而非检验理论。研究者在确定了要研究的问题或现象后，不带任何假设地进入现象或对象所生活的环境中，收集各种资料，在对资料进行初步分析和归纳后，又开始进一步观察、归纳。通过多次循环，逐步完成对现实的理论概括和原理解释。

二、实地研究法的特点

实地研究法假设特定人群共享着一种知识，对事物有一种认识，研究者的目的就是要加入人群，分享他们的知识，并把知识提炼出来。研究者进入现场时，通常不带有理论假设，更不是去证实或证伪某种理论假设，而是去现场从经验材料中归纳出理论观点。也就是说，实地研究法获得结论的途径是归纳推理，而非演绎推理。

实地研究法强调互为主体性或主客互动的关系。研究者不是作为纯局外的主体，而是要设法成为要研究人群中的一员，融入其中，尽量地去共享他们的知识，直到与他们达成共识。实地研究法认为这种状态才能获得真知灼见。

实地研究法所考察的对象较为具体和有限，强调对个案的深入观察，收集详尽的资料，把握角色之间细腻、透彻的关系，因此，实地研究法带有强烈的主观色彩，这大大不同于强调广泛代表性的统计调查。

通过实地研究法获得的资料以定性资料为主，需要进行深度描述分析，以加深对具体对象的理解和认识，最后从具体分析中抽象出一般模式。

第十五章

过程方法

一、什么是过程方法

过程方法与定性方法既有相似的地方，又有不同。定性方法包括大量的小尺度研究，而过程方法一般指大尺度、长维度的研究。定性方法多面向具体的事物，而过程方法主要涉及社会形态等规模宏大的问题。定性方法进行微观叙事，过程方法则相反，主要进行宏观叙事。

社会的运动、变化和发展是一个漫长的过程，要对各阶段的状态进行历史比较，揭示社会的进化与发展，从内部矛盾和外部冲突的交互作用中，揭示社会运动的活动规律与发展规律。过程方法是唯物辩证法在社会科学研究中的具体体现。

二、过程方法研究的三种形态

可运用过程方法研究社会的运动、变化和发展，这是一种包含着稳态研究、动态研究和具体过程研究的综合性研究。

（一）稳态研究

也称静态研究，指针对社会运动过程某一时间点的状态进行研究。社会持续运动，从动态过程中截取一个历史片段和事实片段，在观念中使之定格，作为人类历史活动的结果和社会进化的产物，以及相对静止和稳定的存在，从定性、定量等方面对其要素、结构、功能等加以认识和考察，获取一幅幅关于社会发展历史过程横切面的总体图画。事实上，没有任何社会历史和社会现实会听从研究者的命令，停下发展和变化的脚步。这个静态和稳态的研究是人在思维中模拟和假设出来的，使得静态研究带有客观性的同时必然存在主观性。

（二）动态研究

指将相对独立、相对静止的各种社会要素纳入相互联系、相互制约又相互触动的动态关系中，从内部矛盾与外部冲突的交互作用方面来考察社会的变化与发展，以联系和整体的思路，把握其在相互作用中的存在状态、运动属性和活动规律。

社会运行的动态特征是多方面的，应该重点研究和考察冲突与融合、革新与守旧和兴盛与危机这几对范畴。冲突与融合是社会运动的形式，革新与守旧是社会活动的内容，兴盛与危机是社会运动的内在机制，这几对范畴分别表达着不同方面的社会运动动态特征。在实际的社会生活中，社会运行的形式、内容和机制等是作为一个有机整体交织在一起发生作用的。

（三）进化研究

只有对社会进化过程进行完整分析，才能真实再现社会进化。对社会过程的静态研究为我们提供了历史过程中各个主要时间点的片段图景，动态研究则揭示了社会运动的动态模式和内在机制，在此基础上对历史过程进行比较研究，就可以总结出人类社会在时间链条中的存在和发展状况，为针对社会的历史研究和未来展望研究奠定条件和基础。

任何具体的社会过程都发生于前一个过程的消亡之中，既不是纯粹的无中生有，也不是简单的有归于无。在探讨社会发展过程的曲折与上升时，倒退论、循环论、直线论等观点都是不对的，社会的发展趋势应该是螺旋上升。

第十六章

文献研究法

一、文献和文献研究的基本含义

社会科学研究常用的调查法、实验法和观察法等，可以直接接触和面对研究对象。对于不能直接接触和面对的研究对象，假如所要研究的对象已经不存在了，这时就需要运用间接研究的方法，文献研究法就属于这种间接的研究方法。

一些研究可以从零开始进行研究，可以到现场去接触第一手的情况，但是可能要耗费很大的精力，非常不容易做到。此时，查阅参考其他已发表的相关报告和文献，就显得十分必要且实用。

另一些情况是，在还没有选准研究方向和问题时，可以借助文献作出选择和判断，这会使研究变得非常简单迅捷。

这样，文献研究法便成为社会科学研究重要的方法之一。

根据文献产生的根源，可以把文献分为一手文献和二手文献。一手文献是由曾经历过事件或行为的人撰写的，常常是个人或机构基于某种意图记录下来而形成的文字材料，包括日记、信件、自传等私人文件，机关团体的会议记录、文件、档案、各种统计资料以及调查报告、总结材料等。二手文献是由那些不在现场的人们编写的，他们通过访问目击者或阅读第一手文献，获得了编制文献所必需的信息而制成第二手资料，如书籍、报刊、文章等。一手文献和二手文献也可以称为第一次文献和第二次文献。

利用文献资料间接考察历史事件和社会现象的研究方式称为文献研究法，又称间接研究法。它包括对历史文献的考据、对社会历史发展过程的比较、对文献资料的整理与分析、对理论文献的阐释以及对文字资料中的信息内容进行数量化分析，等等。

文献研究法是历史学、哲学等最常使用的方法之一，现在也仍然是众多社会科学研究使用的重要方法之一。

二、文献研究法的优点

（一）可研究无法接触的对象

可以超越时空的限制，对不能亲自接近的对象做研究。

（二）无反应性

在直接接触性的研究方法中，研究者和研究对象在一定情景下接触，互相影响，从而可能会使收集到的资料不够客观。文献研究法由于不直接接触研究对象，仅仅接触有关研究对象的文献，因此不会出现"干扰效应"，研究对象不受干扰，研究者也能心无旁骛、专心致志。

（三）研究费用低

文献研究法所需要的费用因研究文献的类型、文献分散的程度以及获得文献距离的远近而有很大不同，但是与其他研究方法相比，如进行一项大规模调查、一项严格的实验或一项深入的实地研究，文献研究法所需要的费用要少得多，可能是最经济的研究方法。

（四）保险系数相对较大

假如研究者进行一项调查或一项实验，由于设计不周密或准备不充分，可能会导致结果不理想。如果重做一遍，则又要花费时间和经费。如果一项实地研究没成功，要重做一遍也许根本就不可能，因为你所研究的事件和环境已经改变或不存在了。但在文献研究中，弥补过失就相对容易一些，这些文献总在静静地等你使用，你只需要对所用的资料重新进行编码或重新处理即可，而不用一切从头开始。

从另一个角度讲，出版社、杂志社等经过审慎筛选，让一些知识进入出版系统予以公开发表，因此很多文献本身拥有一定的权威性和可靠性，使用这些文献作为研究的基本素材是比较稳妥可靠的。

三、文献研究法的缺点

（一）倾向性

原始文献撰写人员的目的同当下研究人员的目的可能不一样，最初文献撰写者的兴趣、立场、目的和意图会使文献带有各种各样的倾向性，常常会使文献部分偏离其描述和反映的事实，会妨碍当下的研究人员获得真实的情况，从而影响研究者对研究对象的考察。

（二）选择性

文献保存机构、各种电子数据库对信息都有一定的筛选标准，存储的文献不一定是完整的，文献保存的有选择性常常使信息资料的完整性和权威性难以保证。

（三）信息的有限性

文献原始研究者缺乏相关的体验和知识，许多文献反映出来的信息对研究者来讲可能是有限的和不充分的，比如私人文献——日记和信件就是如此。日记常常是个人心灵和生活历程的自我披露，读者就是写日记的人，其中所包含的信息对他来说是充分的。但对研究者而言，如果对写日记之人的情况不能了如指掌，那么日记中可使用的信息就很有限了。信件反映的信息相对来说要多一些，但由于通信双方的信件内容通常以大量的共识为基础，因此反映的信息也经常是不完整的。

有些文献资料难以获得。由于许多文献是无法随意取得或不是公开的，因此对于某些特定的社会研究来说，往往很难搜集到足够的文献资料。

文献研究法有自己的优势，也有劣势，可以单独使用，但是在一项研究中，常常和其他方法结合在一起使用，这样才能更好地实现研究目的。

四、文献分析

在使用文献研究法的过程中，必须对所采用的所有资料持科学的质疑精神和批判态度，这是使用文献研究法的前提。对文献进行以下几个方面的考察和分析是非常有必要的。

考究文献的作者情况：文献的最初作者是谁？研究目的是什么？同自己的研究目的有何异同？文献的作者是通过何种方法和途径获得文献中的信息的？

分析文献写作者的研究立场：文献写作的具体历史背景是怎样的？文献写作者是否努力做到了价值中立？如果存在偏见，应该怎样去发现和修正？

验证文献的逻辑性：文献的主题是什么？文献的作者是基于何种概念和范畴传达信息的？通过文献中所使用的资料能概括和推论出文献所给出的结论吗？文献的作者是通过何种方法进行研

究的？

复证文献的真实性：思索从哪里可以找到相关资料，以便对文献提供的信息进行证实或证伪。

五、文献综述的种类

为了研究某一个问题，把相关的一系列文章找好，然后开始阅读。在阅读之前，要有自己的阅读大纲和阅读计划，确定写作文献综述关注的焦点和重点，对于相关文献中的研究结果、研究方法、研究的理论以及理论所涉及的实践和应用等，要事先明确侧重关注哪一个方面或者哪几个方面。总之，任何研究文章都是在一定理论的支撑下，通过一定的方法，得到一定的研究结果，这是研究文章的三个要素。阅读之前最好事先明确要学习和总结哪个方面。

文献综述写作的目标可以分为一个或多个：一是系统整合。比较他人的观点，将研究结果一般化，解决不同结果的冲突，以及在相关主题领域之间搭建理解和沟通的桥梁；二是批判已有的研究；三是明确一个领域的核心问题。第一个目标致力于综合堆积，看看这个领域已有的成果，以肯定为主。第二个目标全面评述，以否定为主。第三个目标鞭辟入里，找到这个领域的重点问题，为自己的研究确立大方向。

根据是否表达主观观点，可以将文献综述分为两种：一种是中立陈述型，一种是表述赞成或者反对等评价的观点型。

按照材料组织的脉络顺序，可以将文献综述分为：按照历史时间顺序的、按照概念逻辑语义顺序的、按照方法论等工具方法相似性顺序的。

最常见的文献综述是将关注的焦点和写作目标相结合的综述。这种类型的综述关注实证研究结果，其焦点是从相同或相关的许多独立研究中得出一般化的结论来整合过去的研究，在于总结相关领域目前的研究状态和形态，并明确尚未解决的关键问题。从读者的角度来看，目的是"取代那些已经过时、陈旧的论文"，并指明未来研究的方向，为以后的研究提供更多新信息。

比较常见的文献综述是单纯的理论综述。这类综述的研究者希望提出可以解释特定现象的理论并将该理论与其他理论进行比较。这些比较将检验理论的广度、内部一致性以及预测能力。理论综述通常会描述已实施的关键实验，并评估哪些理论与公认研究结果最为一致，以及哪些研究与自己的研究兴趣最吻合。理论综述有时也会将不同理论中的概念进行重构和整合。

六、改进文献综述

文献综述、研究综述、系统综述、研究综合、元分析是同义词。

科学是一项需要合作和积累的工程。因此，可以信赖的科学描述是科学知识有序发展的必经之路。为了进一步扩展知识框架，研究人员首先需要知道哪些问题是已知的，哪些是确定的，哪些是亟待解决的。

研究人员需要掌握搜索特定主题相关资料的方法，从研究报告等文献中收集信息，评估研究的质量，整合研究结果，解释各种研究的结论，并形成全面而连贯的分析研究报告。

回顾涉及该领域的所有研究成果，如同站在了该领域的最高处，站在此山之巅，不放过任何一座山峰，而在那些过去时段里，处于不同时间、不同地点、不同人物的一切研究，如同繁星点点，现在要归纳出星系；如同水泊处处，现在要摸清其流域；如同隐隐群峰，现在要捋捏出山脉。过去的每一项研究，不管它们自己如何成体系，如何博大精深，在今日看来，它们均属离散、局部、断裂的，所有只言片语、种种结论论断，在现在看来，均是微小、局部的，是如同马上要建设巨型建筑所用的钢筋水泥般的原材料和素材，因此称文献综述和文献分析为元分析。"元"代表最小的组成要素。

没有使用元分析方法的文献综述往往像记流水账，堆砌资料，按自己的当下喜好选择性吸收和引用别人的观点和材料，如同记叙文，被历史文献牵着鼻子走。使用元分析，要在看文献之前，形成将要建构的框架，把问题想清楚、想好，看文献的过程，就是做填空题，就是找答案，而不是归纳总结别人的问题和答案。这样，问题是自己的，材料是别人的，经验是别人的，要让别人的文献和经验服务于当下的研究，而不是让当下的研究服务于别人的成果，最后反而弄得当下的研究没有价值了。

基于互联网技术，文献检索发生了巨大变化，元分析也得到了改进，然而过度的统计技术以及电脑处理，使得本来文科性质的文献研究法越来越多地借助统计学、数据库、数据结构等，如同理科甚至工科的实验科学一样，这种社会科学研究样式大有愈演愈烈之势。

文献综述形成综合的认识，基本符合研究对象的实体特征，这个近似客观的实体特征是通过对文献的聚合得到的，综合一切文献才得以看到实际的全貌。这样的文献综合体也称为"元"，它不是我们亲身研究的，仅仅是通过文献综合得到的，所得到的东西又汇入刚才的文献研究聚合体中，重新发现大量的相关文献信息，重新变为文献综合体的东西，增加之后，甚至可以滚雪球般继续分析，由一点新的发现出发，不断增加内容，汲取前人研究的一切价值，丰富和验证自己当下的研究。

第十七章

信息方法

一、信息的概念

信息是同世界的物质过程、能量过程紧密联系在一起的普遍现象，它旨在表达某一事物的形态、结构、属性和含义等。

信息能够消除接收者对某事物认识上的不确定性。这种不确定性的消除，就量和质而言，取决于接收者的知识结构、思想背景等。这说明信息会受到主观因素的影响。信息与意识又有着原则的区别，因为它是客观存在的，无论是自然信息，还是社会信息，都是确确实实存在的。

从认识论的角度而言，信息是认识主体接收到的，可以消除对事物认识不确定性的新消息、新内容和新方法。信息从其发送者发出，在信道里传递，到传递终端再转化成信息并由其接受者接收，信息传播包括信源、信息、信道、受众和传播结果五个要素。

信息资源具有共享性，在交换、传播信息的过程中，参与诸方不仅不会失去原有的信息，还可能获得新的信息。

二、信息方法的内涵

社会科学研究的过程自始至终贯穿着对社会认识客体的信息进行有组织的加工、改造和整合。深入研究信息的产生、获取、传输处理、检测、识别和利用，揭示事物之间的联系，把系统的过程抽象为信息传递的过程，考察信息流程，专注于信息，而去除其他方面的干扰，实现对事物运动过程的规律性认识。

信息方法从信息流动和信息传播的角度研究社会科学，是一种映射研究的方法，亦是一种间接研究的方法。

三、信息方法的特点

第一，信息方法以信息作为分析和处理问题的基础，通过考察信息的输入、存贮、处理、输出、结果和反馈的全过程来研究系统的特性和规律。

第二，信息方法从整体出发，用联系和转化的观点综合研究对象的信息传递和信息变换过程。它始终将研究对象看作一个信息流动和变换的整体，从系统各部分之间信息的联系、系统与环境之间的信息传递来综合考察对象。

信息方法不解剖事物的整体结构，而是从整体出发，研究系统与环境之间的信息输入和输出关系，通过对信息流程的综合考察，获得关于事物整体性能的知识。随着现代信息科学的发展和日益完善，信息方法已经成为研究事物复杂性、系统性、整体性的一般科学方法，对深入开展现代社会科学研究具有不可或缺的重要价值。

四、信息方法在社会科学研究中的运用

（一）将社会系统抽象为信息过程

社会科学研究活动是一种复杂的、高层次的社会认识活动。在社会认识系统中，社会认识主体、社会认识客体及社会认识中介都是围绕信息相互作用的关系组成一个统一的整体。其中，社会认识客体是信息源，是信息的发出者；社会认识主体是信息的收集者和加工者；社会认识中介则可以协助主体促使客体释放信息，或帮助主体加工、操作信息。

一方面，客体的信息进入主体的头脑，被主体的意识反映，这是客体作用于主体的精神结果；另一方面，主体在认识客体的同时，也就在观念上改造、改变着客体。在社会认识系统中，社会认识主体和社会认识客体是通过社会认识中介的作用以观念、信息的形式相互反映、相互影响和相互改造的。

（二）对信息做定性定量分析

所谓定性分析，就是对信息进行质方面的分析。一方面，它要对抽象出来的信息判别类属，辨明它是经济信息、政治信息，还是

其他社会信息；是工程技术信息，还是科学理论信息；是有价值信息，还是无价值信息；是语法信息、语义信息，还是语用信息，等等。另一方面，它要对抽象出来的信息的存贮、传递、编码、解码、发射、接收、转换、处理、使用等作出判断和确定。

所谓定量研究，就是对信息所能排除的不确定性的研究，如某条消息排除的不确定性多，则该消息的信息量大。

（三）建立信息模型

建立模型是人们揭示原型的形态、特点和本质的重要手段，其根本特点在于，不直接研究现实世界中某一现象和过程的本身，而是通过设计一个与该现象或过程相类似的模型或模式，间接地研究该现象和过程。

（四）依据模型阐明原型

在此阶段，要通过对已建构模型的研究，阐明被模拟的信息过程的机制，评价其功能，预测原型的未来发展趋势，并提出改善原型功能的信息途径。

（五）在实践中检验

要通过反复的实践，检验模型得出的结论是否与原型相符，并进而根据检验结果再次修改和完善所构造的信息模型，使之更加适用。在某些情况下，甚至要重建信息模型，直至所建信息模型与实际的信息变换过程基本一致。

第十八章

黑箱方法

从一定意义上说，黑箱方法也是某种近似意义上的调查测量方法、实地研究方法和信息方法，各种方法不是绝对区别、对立的，多是因不同特征，强调不同的侧面而已。

一、黑箱的概念

黑箱方法是控制论方法，它为人们研究高度复杂、高度组织化的社会系统，提供了一种重要的认识工具。

黑箱是指在对其内部构造和机理还不清楚的情况下，可以通过外部观测和试验考察其输入、输出情况，进而认识其内部功能和特性的系统。

对于社会生活领域的许多事物，人们由于各种原因，一时还不可能或不允许或不必要深入了解其内部，这些事物都可被视为"黑箱"。

二、黑箱方法

黑箱方法是利用外部观测、试验，通过输入、输出信息的动态过程来研究黑箱的内在功能和特征，探索其构造和机理的科学方法。

例如，医生在治疗人的大脑、心脏等复杂系统时，一般都不打开它们，而是通过脑电图、脑部 CT 来研究大脑，通过心电图、心脏彩超等研究心脏，从而做出诊断，施以治疗。

在社会科学研究中，黑箱方法多从社会系统与社会环境相互联系的研究中，考察和认识社会现象。黑箱方法与一般的社会科学方法不同，它并不试图剖析社会系统研究的内在结构，而是以特有的方式考察社会系统的输入和输出情况，将社会系统作为整体进行探讨。

在社会科学研究中，运用黑箱方法大体都要经过确认黑箱、考察黑箱、阐明黑箱这三个基本步骤。

三、黑箱方法的局限性

黑箱方法是处理复杂社会系统和社会问题的有效研究方法，但它不是万能的，有着自身的局限性。

第一，在社会科学研究中，由于黑箱方法只从社会系统的外部输入与输出去考察社会问题，因而对来自社会系统内部的影响因素既无法确定又无法排除，这使它难免具有一定的片面性。

第二，通过单纯黑箱方法得出的结论只具有或然性（概率），缺乏必然性。一种功能可以对应多种结构，而一种结构也可对应多种功能。一个结果可以对应多个原因，一个原因也可以对应多个结果。黑箱方法由外部功能推论内部结构的认识结论不具有必然性，它只是一种具有或然性的社会猜测。

第三，运用黑箱方法还难免导致对可用信息的忽视、浪费和遗失。因此，在运用黑箱方法进行社会科学研究时，研究人员要注意把它与其他科学方法结合起来使用，以弥补它的不足。如果能够从多方面、多维度来考察黑箱并结合使用其他方法，社会科学研究人员的猜测是有可能在一定程度上逐步逼近研究对象内部真实情况的。

黑箱方法对社会科学研究具有重要意义，但不会止步于此，人们在社会活动中的自觉性尤其要求掌握社会系统的内部结构，从而实现对其最优功能的调控和创新，并不满足于简单局限在黑箱里认识社会问题和社会现象，因此社会系统的"开箱研究"显得尤为重要。

第十九章

评价方法（社会评价）

一、评价方法的界定

社会科学研究不仅对社会现象进行认知，还对社会现象及现有社会科学研究成果进行评价。现存很多理论和很多现实问题的解决方案，能否运用恰当的评价方法直接关系到社会评价是否合理。运用恰当的评价方法有利于让科学的理论和方案脱颖而出，能直接影响到人们的社会决策和实践，进而影响人类社会。

社会事实总是与价值相关联，甚至连社会信息的传播过程也承载着传播者的价值观。因此，社会事实就是社会价值附着的事实，使得社会科学研究过程中认知与评价相互交织，难舍难分。

在社会科学研究中，人们一方面要不断发现新的经验事实，构建新的理论，这就是社会认知；另一方面要不断地对事实和理论进行比较、选择和评价，这就是社会评价。二者是相互交织的。

社会认知是社会评价的基础。社会认知在一定程度上保证着社会评价能评价什么，不能评价什么，社会认知的水平制约着社会评价的水平。

社会评价是社会认知的动力源。社会评价首先对社会认知具有规范和选择作用，这种作用不能用实践检验来代替，因为实践只能检验认识的结果，社会评价却可以规范认知的理论建构过程。就社会认知的结果而论，人们总是先在思想中对它们作出评价，而后才投入实践；如果不进行评价，也就没有投入实践检验的必要了。

社会认知与社会评价是内在交织的。在社会认识过程中，始终有社会评价如影随形。

二、社会科学研究评价的本质

社会评价的本质是人类社会总体自我评价的实现形式，名义上是评价社会，实质上是在自我评价、自我反思。人能自觉地选择有价值、有意义的人生目标与追求，并积极地不断对其价值与意义进行评价。人在实现目的的活动中所做的各种调整、变更、改革，说到底是人对价值、对价值评价进行反省的表现。因此，进行社会评价活动可以看作是人的本质的集中反映。

三、社会科学研究评价的特点

规范与被规范、评价与被评价的矛盾交织和缠绕转化是社会评价活动中最显著的特点，它具体表现在三个方面：

其一，社会评价的个体性与社会性的交织缠绕。社会评价的个体性必须以社会性为前提，同时社会评价的社会性又以个体性为前提，形成了社会评价活动中个体性与社会性矛盾的交织缠绕。

其二，社会评价中理想与现实的交织缠绕。要考虑理想，也要考虑现实，理想与现实发生矛盾的时候，就折射为社会评价中的矛盾交织现象。

其三，社会评价中功利与非功利的交织缠绕。一切评价追求本能上是对功利的追求，但是如果人人都把功利作为评价活动中的唯一追求，人类对社会价值的追求就只剩下追名逐利。而实际上构成人类社会主要框架的，大都是非功利的结晶，是理想主义的结果。这就要求人在进行社会评价时，不仅要关注和选择功利的方面，也要多重视和选择非功利的方面，将二者有机结合起来。

四、社会科学研究评价的宏观运作过程

评价理念的形成是第一阶段。从众多的思想、理论、观点、结论中，经过价值判断和筛选，选取和提炼出人们认为科学、正确、符合真善美的东西来，形成现时段应该遵循的理论观点和应该实行的办法。这是形成评价理念的过程。评价理念的形成，从社会历史的发展看有三条途径。其一，对前代人的社会评价进行重新评价。社会评价作为前代人积累起来的思想文化总是给后人以影响，并在不同程度上以某种改造过的形式继续流传下去。这

里的"改造"就包括重新解释评价，从这改造之中一般会诞生新的价值观念，形成新的评价理念。其二，对当下社会思潮做分析、批判，提炼出新的价值理念。其三，从国际社会不同的文化观念碰撞中，提取新的价值理念。这三条途径是同时进行的，因此，形成的新价值理念是三位一体的，将新形成的价值理念补充到人类的理念价值体系中去，或者用来修正人类旧有的理念和价值体系，给人类提供精神食粮和理论指引。

一般来讲，总是由领袖英雄、少数专家、权威人士等率先认识、领悟到新的价值理念。这些新的价值理念形成之后，还要普及到整个社会层面，就要促成价值承诺，即进入第二阶段。所谓价值承诺就是把新的价值理念变成社会大多数人的社会价值，即把新的价值理念灌输给社会的大多数人，使之成为社会大多数人的个人价值取向和行为规范。这是一个倡导与强制的艰难过程。这期间始终贯穿着对新价值理念的倡导和对旧的传统价值理念的批判。当这种价值倡导和批判反复进行，形成一定规模的社会评价场后，就会逐渐得到越来越多社会成员的认同，成为一种新的时尚，自觉或不自觉地规范人的行为，此时，价值承诺就基本完成。

第三阶段即外化价值承诺。所谓外化价值承诺就是把在部分人言行中的新价值观念落实，即通过社会制度、经济制度和法律制度体现出来。制度化了的价值理念又反过来成为一种强制力，使新的价值理念进一步向全社会扩散。当然，从历史发展的角度看，新的价值理念一旦被制度化，就意味着可能遇到更新的价值理念的挑战，这是符合价值评价历史发展规律和社会历史发展规律的，现实的社会评价过程是与社会历史发展过程交织在一起的，循环往复、永不停歇地推动社会的发展，永远滚滚向前。

五、社会科学研究评价的微观运作过程

从微观的层面看，比较完整的社会评价过程大体包括个体评价、群体评价、权威评价和社会评价几个阶段。

个体评价是由个人对社会所作的评价。个人处于相对独立和完整的位置，是社会的有机组成部分，处于一定的社会关系中，对社会事件和现象经常要作出评价。

相同、相似、相近的职业、爱好、血缘、信仰等会使个体评价之间产生认同感，从而使个体评价逐步聚集并成为某一个小团体、小群体的群体性评价。

由于个体都处于一定群体中，因此群体评价会因个体评价而活跃，个体评价会通过群体评价向社会扩散，慢慢地形成某种社会思潮，对社会产生这样或那样的影响。于是，慢慢地引来了社会领袖、专家学者的权威评价。所谓权威评价是指权威机构或权威人士的评价。尤其是权威机构的评价，代表着一定群体的最高机构的评价，有认可个人评价和群体评价的作用。

一个个体评价经过群体评价、权威人士、权威机构评价的"认可"，自然就成了社会的评价，这样，一个社会评价过程就基本完成了。当然，这个过程是可逆的。因为真正的社会评价只有

得到社会个体成员的普遍认同才算实现。但一般来说，得到权威机构评价的认可，就意味着一个社会评价过程的完成。

六、社会科学研究评价的标准

社会评价标准是在社会建构过程中对社会现象加以理性认识和价值判定而形成的。社会评价标准可以是某种功利标准、审美标准、伦理标准、政治标准，等等。

社会评价标准既是一个理论问题，又是一个实践问题。现实实践总是变动不居的，评价标准具有相对的稳定性，因此二者时常发生矛盾。在现实的社会评价活动中，必须不停地调整社会评价标准，不能一劳永逸和故步自封。

第二十章

理解方法（社会理解）

如果说社会科学的评价研究方法好像第三方，判断着各种社会科学研究理论和研究结论的是非对错、善恶美丑，那么本章谈论的理解方法就好像抛掉自我的藩篱，也打破对方的藩篱，与对方不分彼此，以这样的态度和方法干涉、影响、指导社会科学研究，必然面貌迥异。

一、社会科学研究中的理解方法

社会科学研究中的理解方法简称社会理解，是对社会客体的本质以及规律的深层把握，是对社会客体价值、意义的自觉领悟，是对社会现象的特殊的、高级的了解方式，也是人与人之间、人与社会之间相互沟通的方法。

人只能干自己明白的事情，只能做自己认为正确的事情，人的目的和意图自始至终都贯穿在人的实践活动中。客观的自然历史过程在人的自主创造过程和自觉意识过程中形成和展开，因而在理想的情形下，社会历史的客观规律也就对人不再具有外在强制性的特点，而是更大程度上体现为人的自律和自觉。人对社会如何理解，正是人们从事社会历史活动的内在原因；反过来，人们如何从事社会活动，也内在地包含了人们对社会的一定理解。

　　理解和不理解都是一种重要的社会科学研究方法，更是社会科学形成各种材料的渠道。不理解是科学，理解更是科学。理解，则舒畅欢歌，不理解，则怨懑悲情，无论悲喜，皆是人对自然、社会及自身的研究和反应，是一种重要的社会科学方法。这种方法自然、忘我、投入，当事者未必知道，但不妨碍它成为一种炽烈的社会科学研究方法。

二、人的本质表现在社会历史活动中，
社会理解也是人的自我理解

　　人是一种有缺陷的存在物，没有提前设定的本质和固定形象，人因一无所有，才有了自由，自由是人不能选择的选择。因为有了自由，才能在选择、改变、创造社会历史活动中展露和确证自己。人是什么只能在他的活动中产生和展现。而人的社会历史活动自由性的最明显表征就在于，这个活动是由他设计、发动和施控的。

　　但是，如果因此认为人决定了社会历史，甚至决定了自然规律，那么就会走进唯心史观的泥潭。马克思主义唯物史观在这里给我们指明了走出迷津的正确道路：不能仅从人们的思想动机去说明社会生活，相反地，从根本上讲，应从人们的社会生活去说明人们的思想动机。不是社会意识决定社会存在，而是社会存在

决定社会意识。

与那种远离社会历史生活的"神创论"、抽象的"人类理性观"及其他形形色色的唯心史观不同，马克思在社会历史观上最伟大的发现之一就是，指出全部人类社会历史活动皆源于一个基本的客观事实：人必须要满足衣食住行的物质生活需要，才能从事其他社会活动。全部社会历史活动发生于此，并始终以它为根本性基础。这样，马克思规定了对社会正确解释的基本向度：从人的现实需要及满足这些需要的活动出发，去显现、展示人性在其中得以丰富、发展的具体社会历史进程。物质决定意识，社会理解并不是理解自我，而是理解物质的客观性。

社会是人的社会，人是社会中的人。人在自己的活动中改变、建构着社会，社会又通过自身有规律的自主的客观历程塑造着人。人塑造环境，环境也塑造人。在人与社会双向互动的结构中，全部社会历史活动发生着，进化着，完善着。社会理解的关键不在于摆脱、克服这一结构，而是要以恰当的方式切入这一结构，从而揭示实现全面自由的可能性和途径。正是在这种意义上，我们可以认为，社会理解作为人的一种生存样式，根植于人的社会历史活动中。

社会历史活动是社会理解活动的本体论基础。人们为什么可以用社会理解的方法？社会历史是遵循客观规律的主动性活动——我当然可以理解我自己。

三、社会理解与社会活动一致

人们如何理解生存于其中的社会，直接决定着他对这个社会的观点、态度以及行为。如果在他对社会的解释中，认为这个社会是合理的或基本合理的，那么他对这个社会的态度就会是积极的，相应地在行动中，他将努力去维护这个社会。反之，如果他认为这个社会是不合理的或基本不合理的，那么他对这个社会的态度就会是消极的，相应地在行动中，他会以他认为合理的方式去抵制甚至反对这个社会。

社会理解和社会活动本来就是一个过程的两个方面：真正的社会理解和解释必然伴随相应的社会行为，而任何社会行为又总是凝聚着或折射出人对社会的一定理解和解释。

四、社会理解方法的三种角度

社会理解方法就是社会理解者既能揭示社会客体的可能语境，又实现着主体自我理解表达的方法。

（一）注重环境因素的整体性方法

偏向客观因素，视线和思想主要向外研究和探索，理解客观世界，理解主观世界。

（二）注重直觉体验的理解方法

偏向主观因素，通过直觉和推演的方法主要向内研究和探索，通过理解和挖掘主观世界，来理解客观世界。

（三）注重时间因素的历史性方法

从实践的角度、历史的角度或事物发生发展连续过程的角度，探讨理解社会客体和主观主体的方法。

第二十一章

预测方法

一、什么是社会科学研究的预测方法

理论研究都要解决现实的问题，人们依据一定的理论对研究对象的未来发展情况和可能状态等作出推论和判断，要解答未来可能遇到的问题。一切成熟的理论无不包含着预测。

经验描述、理论阐释、科学预测既构成科学理论产生和发展的三个必经阶段，又成为一切科学理论必须具备的三个密切相关的组成部分。

社会科学研究中的预测是社会认识的一种高级形式，是研究者在一定社会科学理论的指导下，依据对社会发展规律的把握，对未来可能发生的社会现象、事件和过程的预见。

在社会观测等基础上积极地开展科学的、有效的社会预测活动，是社会科学研究的一个重要环节。

二、运用社会预测方法的必要性

凡事预则立，不预则废。

人类如果不提高预见的自觉性，不克服盲目性、被动性，就会在极其复杂、瞬息万变的现代社会面前束手无策，丧失主动性。科学预见指引人的行动，如果缺乏科学的预见，人们就会做出错误的举动，甚至造成严重的后果。

因此，在改造自然和社会的过程中，每走一步，都必须"瞻前顾后""左顾右盼"，不断监测、调控、协调社会与自然中的各种关系，探寻人与社会之间的合理性状态，以求在自然与社会之间实现更高层次的和谐统一。

三、社会预测方法的基本特点

第一，超越性。社会预测是对社会未来的某种展望，必然与社会现实不同，必然对现实做出某种超越。未来不会彻底与过去无关，社会的未来总是扎根于现实之中，是社会现实的延续和发展，因此预测必须以现实为出发点，预测的超越性只能是适度的，否则就会脱离实际，成为毫无意义的空谈。

第二，幻想性。幻想是人类对美好生活向往的具体心理特征，是人类探索未来或未知世界的一种重要思维方式。从人类社会的预测活动史来看，预测大致经历了神话预言、经验预见、科学预测三个阶段。幻想在每一个阶段中都起着不可忽视的作用。没有想象和幻想，就没有现代科学，离开想象和幻想，人类所从事的认识活动和实践活动也就失去了赖以前行的重要精神支柱和动力之源。

第三，矛盾性。社会预测的对象不是社会的历史和现状，而是社会的未来。未来指那些迄今为止尚未出现、尚未发生或尚未存在的东西。人们总是立足于现实去展望未来，因此，现实与未来的矛盾就构成社会预测方法中的基本矛盾。

第二十二章

质性研究

一、质性研究方法概述

质性研究又称为质的研究、质化研究，若将其与定量研究相比较，也称为定质研究。

在自然情况下，质性研究采用多种资料收集方法，对研究现象进行深入的整体性探究，从原始资料中得出结论和理论。研究者通过与研究对象充分互动、影响、理解等，合作完成研究。

人们普遍认为，科学研究要求研究者必须秉承价值中立的原则，完全不介入研究本身。但实际上，质性研究允许研究者努力说出其相信的，让研究者成为自己。

研究者要与研究对象充分互动，否则研究对象所表达出来的就是建构出来的、表演出来的，要知道，研究对象也在研究研究者，两者相互观察，互为主体。

二、质性研究的特点

第一，自然主义的探究传统。在自然情境下，研究者与被研究者直接接触，面对面交往，实地考察被研究者的日常生活状态，了解被研究者所处的环境以及环境对他们产生的影响。自然探究的传统要求研究者注重社会现象的整体性和关联性，全面考察思考事件的前因后果。

第二，对意义的解释性理解。质性研究的主要目的是从别人的角度理解别人的行为及其对意义的解释。由于理解是双方互动的结果，研究者需要对自己的前设和偏见进行反省，首先要和被研究者取得共鸣，然后才能以感同身受的方式，真实进入被研究者的意识空间。

第三，研究是一个演化的过程。随着实际情况的变化，研究者要不断调整自己的研究设计，改变收集和分析资料的方法，反思建构理论的方式，对研究的过程加以反省和调整。

第四，使用归纳法，自下而上地分析资料。在质性研究中，主要采用归纳的资料分析方法，自下而上地在分析资料的基础上，建立类别和理论假设，处处细心，一点一点归纳出结论。

第五，重视研究关系。由于注重解释性理解，质性研究非常重视研究者与被研究者之间的关系，特别是涉及伦理道德的方面，研究者必须事先征求被研究者的同意，对他们所提供的信息严格保密，与他们保持良好的关系，并合理回报他们。

质性研究是一种情境中的研究。质性研究的特点决定了它非常适用于需要与人密切接触领域（如教育、健康、医学等领域）的研究。

三、质性研究的适用范围

质性研究拥有两个重要优点：第一，善于对被研究者的意义建构进行研究；第二，在自然情境中进行研究。由此，质性研究方法对某些社会科学研究课题具有特殊的适应性和有效性。一般来说，质性研究通常使用描述性问题和解释性问题，因为这两类问题可以对现象的本质和意义进行研究。

特殊性问题指的是一个特殊的个案所呈现的问题，研究只对该个案本身进行探讨。

过程性问题是探究事情发生和发展的过程，将研究的重点放在事情的动态变化上面，例如，"网上辅导在学生学习过程中起到了什么作用？"

意义类问题是探讨当事人对有关事情的意义解释，例如，"北京地区的教师是如何看待自己的职业的？"

情境性问题是探讨在某一特定情境下发生的社会现象。例如，"北京市高中教师每天是如何履行自己的职责的？"

第二十三章

个案（案例）方法

一、个案（案例）法概述

个案法作为一种重要的质性研究方法，应用范围相当广泛。任何典型的个人、组织、事件等都可能成为个案研究的对象。个案研究如同解剖麻雀，通过对个体的深入考察研究，可能会得到重大的发现。

"国有企业员工生产效率提升的对策研究——以北京 SQ 集团为例"这种题目，在有段时期非常流行，这就是典型的个案法研究。

个案法是社会科学研究比较常用的一种收集、分析资料的方法。在某些采用量化研究方法难以达到既定目的，或是研究成本较大的情况下，个案法研究法因其特殊的功能和优势而在社会研究中被逐渐接受和应用，并获得了较大发展。

个案（案例）研究有六种证据来源，即文件、档案记录、访谈、直接观察、参与性观察和实物证据。

二、个案（案例）研究资料收集原则

第一，使用多种证据来源。在案例研究中，某一个具体的案例能来自一个方面和一个根源，但是涉及这个个案的相关数据和相关信息尽量不要再局限于一个地方。使用多种来源的资料有利于研究者全方位地考察历史问题和现实问题，殊途同归，要让通过不同途径获得的资料相互印证。如果把案例研究建立在几个不同但相互印证的证据来源基础上，研究结果或结论就会更准确、更有说服力和解释力。

第二，建立案例研究数据库。资料库是对案例研究中所有的资料进行单独、有序的汇编。这些资料不仅仅局限于一些陈述性或数据性的信息，也包括通过现场调查收集的文件和其他材料。研究者可以借助质性数据分析软件或者更常规的文本处理工具对陈述性和数据性资料进行整理。尽量独立整理个案的相关数据信息，把相关个案机构提供的信息作为背景信息和供核实的信息，确保研究信息的准确和可靠。对于研究成果，用户和受众除了能够阅读研究报告，还可以查阅整个资料库（电子文件和文件夹）。这样一来，资料库极大地提高了整个案例研究的信度，也体现了研究者在信息分析整理方面的贡献。

第三，形成一系列证据链。从最初研究的问题到最终的案例研究结论，要形成闭环，能够找出每项证据的各种推论，也可以从结论反推出最初的问题或从问题推出结论，能够实现这种双向推导，且过程非常严谨，这有利于保证案例研究的建构效度，有利于提高整个案例分析的质量。

三、个案（案例）研究的背景策略

第一，依据理论假设组织材料和分析材料的策略。

案例研究一开始以理论假设为基础，帮助研究者提出一系列问题，根据问题检索文献，在可能的情形下提出新的假设和新的理论，研究者根据新的理论和新的假设来制订新的资料收集方案，并据此选择合适的证据分析策略。

第二，整合原始资料的策略。

如果从资料入手，而不考虑任何理论假设，研究者会发现一些资料指明一两个概念。这一发现是分析路径的开端，将引导研究者深入挖掘资料，揭示其他关系。

第三，进行案例描述。

如果研究者还没有选定研究问题或研究假设，不能使用第一种策略；或已经收集到大量的资料，但还没有从资料中发现任何有用的概念，也难以利用第二种策略，在这种情况下，可以直接进行案例描述，并以此作为研究的起点和着力点。

四、个案（案例）研究证据分析的五种技巧

案例分析往往不是就事论事，甚至也不是单独讨论某一个具体的案例。使用个案分析法进行社会科学研究时，往往针对一系列的案例，予以分析之后，形成一个有规律性的结论，以指导相关的实践活动或者解释相关的社会现象。

（一）模式匹配

通过抽象案例的内在逻辑总结出一种模式，用于判定一个新的情况，如果符合谈到的模式，这个新的情况必然发生和发展成预定的样子。这是个案研究最具意义的表现。

（二）建构性解释

建构性解释是一种特殊的模式匹配，通过案例的解释来组织分析案例资料，通过分析案例资料形成相应的解释，两者双向构造，如同搭积木一般，将随机的积木块搭建成型，并按照预定的设想，寻找积木。案例资料的处理方式如同扎根理论，如同人类学研究方法等。

（三）时序分析

时间序列中可能只有一个自变量或因变量。在这种情况下，当众多资料是相关且可以得到时，可以使用统计技术来检验和分

析这些资料。

比如，对轻微违法事件进行执法处理，安装控制犯罪的计算机技术装置等，以降低犯罪率。案例研究呈现了七年内特定犯罪类型的年发生率的时间序列。在这七年中，前两年犯罪率呈上升趋势，后几年呈下降趋势。该案例解释，相关措施的安排时间和犯罪率的变化趋势相匹配。作者先说明了措施的有效性，再结合措施的时间安排与犯罪率的变化趋势，为解释犯罪率下降提供了证据。

多案例研究也可以遵循同样的逻辑，只需给不同的案例设定不同的时间序列模式。例如，有关城市经济发展的案例研究中可能会有这样的理论假设：以制造加工业为基础的城市与以服务业为基础的城市相比，就业趋于劣势。相关资料可能涵盖一段时期，比如十年内的年度就业数字。在以制造加工业为基础的城市中，资料可能会反映就业形势日趋严峻；而在以服务业为基础的城市里，资料可能会反映就业形势不断向好。如果再延长时间维度，就会慢慢发现，以制造加工业为主的城市只要注意抓一抓服务业，就业水平一般会马上得到提升；但是一直以服务业为主、基本没有制造业的城市，再想进一步提升就业率，就没有多少余地和空间了。

绘制大事年表是案例研究中常用的技巧，可以将其看作是一种独特的时序模型。在时间面前，很多规律和本质会逐渐暴露出来。

（四）逻辑模型

一定时期内各个事件之间存在前因后果的联动关系，变化复杂，原因精确，链条完整。这些事件能展现"原因—结果—原因—结果"的重复与循环。这种逻辑模型能帮助研究者更加明确远景和目标，掌握事物变化的规律。

（五）跨案例聚类分析

如果案例研究包括两个以上的案例，跨案例聚类技术就大有用武之地。与单案例研究相比，建立在对大量案例分门别类分析基础上的研究结果更有说服力。

第二十四章

混合方法

一、什么是混合方法

研究者在研究活动中，多使用定量、定性等不同类型的方法研究问题。混合方法指研究者在一项研究或调查项目中，兼用定性和定量的研究方法，来收集、分析数据，整合研究发现，并得出推论。

比如，从事某个研究时，首先决定开展研究中的定性部分研究，这是探究性质的，要先进行开放式或非结构式访谈，发现一些问题的脉络和线索，收集到数据以后，再构建一份封闭式的、结构化的调查问卷，然后进行定量研究，收集大量的问卷，在定量研究阶段，分析问卷数据并写下从定性和定量研究两个方面获得的综合发现。这就是定性与定量相结合的研究案例。

评论员在对一项体育赛事进行实况报道时，通常会先大致描述即将依次展开的赛程，这是一种定量的视角。这位讲解员接下来将给我们讲一些选手的个人故事，并强调赛场上选手的安排，这是一种定性的视角。在这个体育赛事的报道中，定量和定性数据同时出现。

二、混合研究的优势

一个画家想要创作一幅完整的风景画，假设他只有几幅不完整的画作片段，每个片段都描绘了风景的一部分，但每幅画都缺少了一些元素。通过精心选择和组合这些不完整的画作片段，画家最终能够展现出一幅完整的风景画，这幅画包含了湖泊、山川、天空、树木和花草等元素，展现了一个和谐统一的画面。

在研究方法中，实验研究可以很好地证明因果关系，但是由于实验室的限制，在体现生动现实上存在局限性。民族志研究不能很好地证明因果关系，但是可以进行田野研究，使研究者能够观察自然状态下发生的行为，现实性很好。当两种方法都被使用时，因果证据更有说服力，现实性也不再是个大问题。

不同的研究方法分别拥有自己的优势和劣势，定量研究和定性研究是互为补充的，在一项研究中使用两个或更多拥有不同优势的研究方法，就不太可能错过重要的东西或是犯下错误。

定性研究、定量研究和混合研究，这三大传统都很重要，都有其独特的价值。

个案研究、民族志研究、现象学研究和历史研究等定性研究倾向于使用探究性的科学方法来生成假设，以加深对特定人群和地域的理解。定性研究者就事论事，除定性研究中的扎根理论，一般对抽象化总结不感兴趣。定性研究是以发现新问题、新线索为导向，在自然条件下开展的。

问卷、抽样和测量等定量研究一般在严格控制的条件下进行，倾向于使用验证性的科学方法，关注假设检验和理论检验。定量研究者希望找到思想和行为的普遍模式，并使其得到推广。

混合研究是在一项研究中混合使用定性和定量的研究。它是建立在实用主义哲学基础上的，以解决问题为核心。

三、社会科学研究中定性、定量、定时方法的统一

社会科学是个体性与社会整体性的统一、实证性与理解性的统一、价值中立与价值非中立的统一。要对社会现象进行具体的定性研究和定量研究，必须把时间因素引入研究的范围中。任何社会现象具有的本质规定和数量特征都是在一定的具体的社会时间阶段中获得的。社会随着时间的推移，必然会发生变化。马克思指出，"社会时间实际上是人的积极存在，它不仅是人的生命的尺度，而且是人的发展的空间"。

从时间方面来考察社会现象，就是考察社会现象在时间推移过程中的变化发展和在这种变化发展中表现出来的过程性、阶段性特征，社会科学的定时研究本质上是一种过程研究。

将时间尺度普遍地运用于对各种社会现象的考察，在其先后相随、前后相继的时间链条中考察其存在、变化与发展情况，历史比较法就是一种将时间因素渗透其中的研究方法。

四、适用混合方法的情况

有时候定性研究最为合适，因为研究者的目标是探索某个问题，要尊重参与者的观点，描绘情境的复杂性，传达参与者的多元视角。

有时候定量研究更为切题，因为研究者试图理解变量间关系，或是分析一组因素是否比另一组因素更能影响结果。例如，如果需要理解总体中部分参与者的观点，某项调查可能最适于采用定量方法；如果需要确定某干预项是否会比控制条件影响更大，使用定量实验测量的方法更有效。

对于这些类似的情况，根据研究课题的需要，选用定量或定性方法非常有效，并非所有情况都要采用混合方法。但是数据资源不足、研究结果有待解释、探索性发现需要一般化、要用第二种方法来增强第一种方法、需要采用某种理论立场的情况，以及根据整体研究目标适于采用多阶段或多项目研究的情况，更适合采用混合方法以应对研究困境。

第一，因为单一数据源不够充分，所以需要使用混合方法。

在理解一个问题时，定性数据能够提供细节，定量数据能提供更整体性的信息。这种定性信息来自对多位个体的研究，以及对他们观点的深度探索；定量信息则来自对大规模人群的考察，以及多个变量在他们身上的反馈。定性研究和定量研究提供了不同的图景或观点，也各有局限性。如果研究者针对部分个体进行定性研究，则无法将研究结果推广到更广泛的群体。倘若研究者针对许多样本进行定量研究，则削弱了对某个个体的理解和关怀。因此，两种方法恰好可以取长补短，将定量数据和定性数据结合起来，使研究者更好地走出研究困境，这是使用单一方法无法企及的。

第二，为了解释初步结果，因此需要使用混合方法。

有时候，一项研究的结果并没有完整地回答研究问题，有待进一步解释。在这种情况下，研究者可以采用混合方法研究，使用第二个数据库来协助解释第一个数据库没能解释的问题。

第三，为了推广探索性研究的发现，因此需要使用混合方法。

研究者先通过定性研究进行探索，然后利用定量研究检验定性研究结果是否可以推广。定性研究提供理论假设，定量研究解决实施方案可行性的问题。

第四，因为需要通过多个研究阶段实现研究目标，所以需要使用混合方法。

研究者在完成那些耗时数年且包含多个阶段的项目时，如评估研究多年的健康调查等，可能已经采用了多种研究方法，需要联结多个研究来实现总体目标。这些研究中可能就包括同时或是依序收集定量、定性数据的项目。为了推进这种混合多阶段或多项目的研究，不得不继续使用混合方法。

第二十五章

社会科学研究中的信度和效度问题

一、研究中涉及信度和效度的例证

例一：

1992 年，美国国家教育统计中心发布《美国成人的读写能力》报告。该报告指出，近一半的美国成年人处于五级读写水平中的最低两级，约五分之一的美国人，连读懂一篇新闻稿以及进行简单加减法计算的能力也没有，形成一半的美国人基本是功能性文盲的结论。这不仅在美国甚至在中国也引起了广泛的影响和关注。

美国政界开始警觉，许多人提出增加测试与迅速发动学校改革的倡议。

2002 年，美国《高等教育纪事报》报道了对 1992 年调查数据的新分析结果，与之前的结果完全相反，实际是低于 5% 的美国成人是功能性文盲。

并没有进行新的调研，对 1992 年的数据再分析，如何能得到从 50% 下降至不到 5% 的结论？原报告的撰写者承认他们错误地解读了调查数据。他们之前运用单一标准来评估测试结果，但是后来意识到应该运用多重视角来解读数据。

这个案例表明，为确保由测量得出的结论准确、有效、正确，必须格外小心、格外注意地分析判断。

例二：

对于教育实习，有人选择两三个月的集中实习，有人选择连续快一年的集中实习，究竟哪个方案更好，需要进行比较研究。

在得出结论之前，需要仔细检验研究的各个方面，以确保研究没有任何错误以及研究结果不存在歧义性的解释。比如，积极性更高的学生以及更热衷于教师职业的学生，不需要参与集中实习，照样可以成为优秀的教师，对于这类学生而言，时间的长短没有明确的职业培训意义。在研究中，把这些因素称为"无关变量"，要注意控制这些无关变量，解决那些损害从所收集数据中得出正确推论的无关变量。

二、测量的信度

（一）信度的含义

信度即可靠性，指对同一或相近的测量对象进行反复测量时，测量结果的一致性或稳定性。信度是测量工具能够稳定测量所测变量的程度。

可信性是可靠性、客观性、真理、有价值、严谨等重要概念集合中的一员，具有很强的褒义色彩。在很大程度上，可信性研究意味着好的、高质量的研究。

例如，用同一台磅秤去测量一个物品的重量，今天测量的重量是 80 公斤，明天测量的仍然是 80 公斤，称了好几次，结果都是相同的，就可以说这台磅秤可信。

在社会科学研究中，通常以信度系数（r）来评估信度的大小。当 r=1 时，表示无测量误差，这当然是测量的理想状态；当 r=0 时，表示测量游离于测量对象之外，测量结果与测量对象毫无关联，这一情况不应出现在研究中。一般来说，当 r ≥ 0.8 时，就可以说该测量达到了足够的信度。

（二）信度的类型

1. 再测信度。指用相同的方法对同一测量对象先后进行两次测量，并将两次测量结果平均之后，计算其相关系数。在实践中，两次测量的最适宜间隔时间随测验的目的和测验的性质而异，少则几天，多则半年，甚至一两年。

2. 复本信度。再测信度受时间限制，如果有两套效果相等的测量复本，则可交替使用。根据一个测量对象对两种复本测验所得的结果，计算其相关系数，即可得复本信度。学校考试中采用的 AB 卷就是理想的复本模型。虽然复本信度可以避免再测信度过分受时间限制的缺点，但要保证使用的必须是真正的复本，两者在题目类型、数量、内容及难度等方面都要确保一致，这是进行复本测量的前提条件。

3. 折半信度。如果一种测量只能测量一次且没有测量复本，这种情况下通常采用折半法来估计测量的信度。所谓折半信度，是指研究者根据一次测量结果，将项目分成两组，并计算出两组项目值的相关系数。通常的做法是将测量项目依据单双数划分成两组，计算两组值的相关系数，即得折半信度，以随机的方式，简单地检验测量信度。

三、测量的效度

（一）效度的含义

效度又称测量的有效度、准确度，是指测量工具或测量手段能够测出所要测量变量的准确程度，即测量工具能准确、真实、客观地度量事物特征或属性的程度。

（二）效度的类型

效度可分为表面效度和准则效度，分别从不同的方面体现测量的准确程度。

1.表面效度。表面效度又称为内容效度和逻辑效度，是指测量内容的适合性和符合性，测量所选题目是否符合测量目的和要求。例如，要测量人们的语文知识水平，所出题目必须在语文知识的范围内，否则，测量结果将无效。又如，被测量的概念是智力，而卷面上测量智力的题目却偏向于询问回答者的身体状况，这一测量显然就不具有智力测量那样的表面效度，因为身体状况并非智力定义的组成部分。

如果对所测量概念的定义没有形成统一的认识，概念是由几个亚概念组成的多向度概念，测量的范围过长而复杂，表面效度就会出问题。

2. 准则效度。指使用不同的测量方式对同一事物或变量进行测量，将原有的一种测量方式或指标作为准则，将用新测量方式或指标所得的测量结果与原有的测量结果相比较，如果用新的测量方式或指标所得的测量结果与原测量结果相同或具有相同的效果，那么这种新的测量方式或指标具有准则效度。

表面效度只需要对单一概念的单一测量工具进行评估，准则效度则需要对同一概念的两个以上的测量法进行比较评估，以确定一个测量的效度指标。

四、信度和效度的关系

信度和效度是评价测量工具的两个主要方面。

信度针对测量结果的稳定性，使用可信的测量工具测量时，可以对使用它而得出的结果有着相对稳定的预期。这就像用一把尺子测量一张纸的长度，如果尺子是有信度的，我们可以预期，无论何时何地用它去测量这张纸，结果都应该一致。

效度包括两层含义：首先，测量工具必须可信；其次，测量工具对测量对象而言必须是恰当的，如果不恰当，那么测量结果也不可能客观地反映测量对象的属性。效度就是使用可信的工具恰当地测量对象。比如，要测量一片碎纸屑的长度，如果用上面那把尺子来测量，虽然测量工具是可信的，但不适合测量碎纸屑，尺子在这里并不是有效的测量工具。因为尺子的刻度值太大，无法真实反映碎纸屑的长度。这就是测量工具对测量对象而言是不恰当的。而可信的游标卡尺就可能是有效的测量工具，测量工具必须可信是不能缺少的前提。

从这些分析可以看出，效度和信度是不对称的，即有信度不一定有效度，但有效度就一定有信度，信度是效度的必要条件而非充分条件。效度与信度之间既相互关联，又相互制约。

理论上有效的测量本身并不排斥测量的可信度，在实践中，信度与效度时常发生冲突。就像上面的例子，如果你将可信的尺子和不太可信的游标卡尺作为测量碎纸屑长度的工具，就会面临工具选择的艰难。研究者有时不得不为了效度而牺牲信度，即选择游标卡尺；或者是为了信度而牺牲效度，即选择尺子。对社会科学而言，这始终是一个两难的选择，最好的解决方法就是使用不同的方法互为补充。

五、影响资料信度和效度的因素

测量的目的在于真实有效地再现测量对象的本来面目，准确地度量社会事物的属性或特征，这就要求社会测量必须具有较高的信度与效度，测量者必须充分了解影响信度与效度的因素。通常情况下，影响信度与效度的因素包括研究者、测量工具、测量对象以及环境等。

（一）测量者

测量的实施者是指整个测量的设计者与执行者。测量者自身的素质高低直接关系到研究的成败。研究者的工作能力、工作风格都关乎测量的信度与效度。例如，用抽样的方法进行研究时，要按照完全随机的方法抽样，不能随便找人替代；在进行控制实验时，要很好地控制环境和其他变量等。另外，测量者的态度也会直接影响回答者。无论是自然科学家，还是社会科学家，都要在研究中保持中立，不戴有色眼镜进入实验室。

（二）测量工具

如果找不到合适的测量工具和测量方法，就很难获得真实的资料，在自然科学中尤其如此。相反，如果问卷中的问题表述不严谨，甚至所列题目本身就有问题，让被测量对象感觉文不对题，就会导致回答者无法作答，即使他们认真作答，其研究价值也不高。另外，在设计问卷时，还必须要考虑问卷项目的多少，哪些问题适合用开放性的方式，哪些问题适合用封闭性的方式，它们的恰当比例应是多少，排列的先后顺序又如何，以避免回答者产生疲劳感或厌倦、反感等情绪。这些都会影响调查资料的信度和效度。

（三）测量对象

社会科学研究中的测量对象不管是个人，还是群体组织、社区等，测量对象的主观状态都会影响测量的信度与效度。自然科学尚存在"测不准原理"，在社会科学研究中，测量本身对测量对象造成的影响应该引起更多的关注，以尽量保证测量的效度与信度。例如，在运用客观观察法时，注意不要让被观察者觉得自己正在被人观察、研究，避免被观察者刻意表现出某些行为迎合观察，最终导致观察失败。又如，要调查人们的理想观念、态度、意见甚至对某些敏感问题的看法时，需要先声明调查的目的在于获取真实资料，调查是无记名的并对整个测量过程保密，切实打消被调查者思想上的顾虑，否则测量的信度与效度就会受影响。

（四）环境因素及其他偶然因素

在进行社会测量之前，测量者通常要对测量的环境进行观察、分析，以避免无关因素的干扰。例如，要调查村民委员会与乡镇基层政府之间的关系，需要找村两委成员访谈，如果有乡镇工作人员陪同，将无法获得最为真实的信息。因为此时无论你怎样强调调查的客观性、研究的科学性、资料的保密性，都无法消除环境中因上级领导在场而产生的顾虑。问卷调查通常在相对自然的环境中进行，就是为了避免被调查者受环境因素的干扰。另外，在整理分析调查资料的过程中，例如在资料的编码、抄录、录入等过程中，都可能会出现疏忽或差错，从而降低调查资料的信度或效度。

第二十六章

社会科学研究中的伦理问题

一、社会科学研究中的伦理问题

社会科学研究者经常面对诸多伦理两难的问题，必须决定该如何抉择，如何平衡追求科学知识真理的价值问题与被研究者或社会上其他人士的权利问题。伦理守则可以提供一些必要的指导。研究者应尽量实施合乎伦理的行为，既要具有正确丰富的研究技术方面的知识，又要具有对伦理层面问题的敏感度，让自己的社会科学研究建立在科学和正义的牢固基础上。如果准备进行社会科学研究，应当首先搞清应遵循的各种道德规范。

二、自愿参与

社会科学研究会打扰到人们的生活，如人们总是在没有任何准备的情况下，接到一个访谈电话，或在路边被人拦下，这些都意味着研究对象的日常起居和正常活动被打断，研究对象需耗费一定的时间和精力，甚至被要求提供一些本人不愿传递给陌生人的私人信息。因此社会科学研究者要充分尊重研究对象是否愿意参与的个人意见，坚持自愿参与原则，即研究要事先征得被研究者的同意。

（一）自愿参与

在医学研究中，一个主要的伦理原则即参加实验必须是自愿的，这个原则同样适用于社会科学研究，不能强迫任何人参加研究。研究对象同意参加研究，而且可以选择在任何时间退出研究，研究者依赖研究对象的自愿合作。研究者需要以细腻敏感的心思，精心设计并提出问题，以尊敬的态度对待研究对象，让已经自愿参与实验的人不会感到后悔和反感。

（二）知情同意

社会科学研究必须遵守知情同意原则，即研究者要让受试者了解他们将要参与什么形式的活动以及活动的性质，研究的程序有哪些，研究的风险有多大，是否有什么收益或可能受到什么伤害等。受试者看完并理解知情同意书中的各项陈述后，可以签名表示他们知道这些风险，并且是在没有受到任何形式强迫的情况下完全自愿地参与研究。在开始研究之前签署知情同意书，不仅体现了对研究者的尊重，也为下一步的研究工作奠定了氛围和基础，一举两得。

（三）避免强迫特殊群体参与的原则

在社会科学研究中，某些受试者群体可能没有能力判定自己的行为，难以实现真正的自愿知情同意。他们可能缺乏必要的能力，或是间接受到强迫，他们可能没有足够的能力来做决定，或是因身份问题不可随便接受访问，或是他们会同意参与是因为想要得到某些好处，这些特殊情况需要格外注意，以避免科研伦理问题。

三、不伤害参与者

无论参与者是否自愿，社会科学研究都绝不能伤害研究对象。研究者必须熟知所有可能出现的伤害，竭尽所能地将这些伤害减至最低。社会科学研究可能会对研究对象产生的伤害主要有以下几种：生理伤害、心理伤害和法律伤害等。

（一）生理伤害

研究者应该在开始做研究之前，预先设想可能会出现的风险，包括基本的安全事项，如建筑物的安全、桌椅与仪器安全等。如果研究内容会给人造成压力，应该预料研究对象可能会受到的伤害或遭受的危险，应该而且必须立即排除有可能遭受危险的研究对象，如心脏病患者、精神障碍患者等患有疾病者。研究者对研究对象因参与研究造成的伤害负有不可推卸的道德与法律上的责任。如果不能保证研究对象的人身安全，应该立即终止研究。

（二）心理伤害

社会科学研究一般不容易对受试者造成生理伤害，但是可能会使人们处于充满压力的尴尬焦虑或不愉快的情境当中，例如，在研究中，研究对象经常被要求透露他们的反常行为或不为一般人所认同的态度，透露这些资料多少会让研究对象感到不舒服，造成一定的伤害，应该在研究中尽量避免此类情况。

（三）法律伤害

研究者有责任保护受试者不会增加法律方面的风险。研究者可以在进行某类研究之前，取得不受执法机关干预的保证，在调查中获得的信息，不应该成为法律上的证据信息。

四、匿名和保密

在社会科学研究中，研究者为了研究社会行为，可能会触及研究对象的个人隐私。调查研究者利用问卷收集到人们的意见、看法、观念及信仰等背景资料，实验研究者有时候使用双面镜或隐藏式麦克风对被研究者进行监看、监听，实地研究者可能观察非常私人层面的行为或偷听人们的谈话，使被研究者的隐私遭到侵犯。无论研究者采取哪种研究方式，出于哪种研究动机，都必须注意尊重研究对象的隐私权，不暴露研究对象的身份，认真保护研究对象的隐私。匿名和保密这两种形式要求把个人身份及其答案分别处理，以实现保护研究对象隐私的目的。

（一）匿名

当研究者无法辨识某个回答的研究对象时，这个研究对象可以说是匿名的。当研究者运用访谈法时，由于访问员是从一个可以辨别的研究对象那里收集相关资料，因此访谈无法匿名。当问卷写上辨识号码以助于追踪及提升回收率时，匿名性就会被质疑。确保匿名不但能使受访者安心，同时能提升回答的客观性。

（二）保密

保密是指研究者知道研究对象的身份及其回答，但保证不透露这些资料。访谈显然是无法确保匿名的，因此保密就显得格外重要。在开始研究之前，无论在口头上还是在问卷的说明信函上，研究者都应该先向研究对象解释保密原则，主动向被研究者许诺会遵守保密原则，告诉对方自己在任何情况下都不会暴露他们的姓名和身份。一切与他们有关的人名、地名和单位名都应该匿名，必要时还应该删除那些可以追踪到访问者的敏感性材料，对材料进行脱敏处理。

五、违反科研伦理行为举例

伪造、篡改或者剽窃行为。

通过欺诈以获取利益。包括两种欺诈，即对项目资助者的欺诈和对被实验对象的欺诈。

无视他人的研究数据与自己的研究数据不同，未出示与自己研究相矛盾的数据。

残害被测试者和实验参与者，让参与者遭受永久或短暂的身体、心理创伤。

开展研究之前，不签署知情同意书。

在研究过程中泄露敏感信息。

禁止被研究者和参与研究者中途退出。

发布研究结果时，未能坚持脱敏原则，未能坚持保密、匿名和保护隐私的原则。

没有实质贡献却参与署名。

第二十七章

马克思主义与社会科学方法论

一、马克思主义为具体的社会科学研究方法
提供总的指导思想

马克思主义是世界观，也是方法论。马克思主义在各种具体的社会科学研究方法中，具有重要的指导地位。

社会理解方法强调对社会事件和社会现象的理解。马克思主义为人们正确解释社会历史和社会现实提供了科学的方法论指导。

过程方法强调对历史和现实的整体把握。马克思主义的辩证唯物主义和历史唯物主义为人们正确掌握社会历史进程提供了科学的方法论指导。

本书谈到的二十种研究方法——怀疑方法、定量方法、观测和测量方法、问卷、访谈、观察和调查方法、抽样、定性方法、比较研究法、实地研究法、过程方法、文献研究法、信息方法、黑箱方法、评价方法（社会评价）、理解方法（社会理解）、预测方法、质性研究、个案（案例）方法和混合方法，其中有两种方法直接借用马克思主义的基本原理，其他的方法则以间接的方式，受到马克思主义的指导。

二、马克思主义社会科学方法论的基本内容和功能定位

马克思主义社会科学方法论以辩证唯物主义和历史唯物主义为根本方法，包括以实践为基础的研究方法、社会系统研究方法、社会矛盾研究方法、社会主体研究方法、社会过程研究方法、社会认知与评价方法、世界历史研究方法等，构成科学的和开放的方法论体系，涉及如何正确处理主体与客体、系统与要素、矛盾与过程、个人与群众、认知与评价、世界历史与民族历史等一系列社会发展中的重大关系问题。

三、马克思主义社会科学方法论的基本原则

坚持马克思主义社会科学方法论，必须坚持以下基本原则：

第一，客观性原则。马克思主义认为，研究社会历史必须研究社会赖以生存的物质生活条件，并根据这种物质生活条件说明政治、法律、美学、哲学、宗教等观点，即用社会存在去解释社会意识，而不是用社会意识解释社会存在。这样，唯心主义就从它最后的避难所——社会历史领域中被驱逐出去了，马克思主义为研究社会历史指明了方向。按照人类社会的本来面目认识和理解人类历史，理论体系不断更新，研究方法不断改进，要科学揭示社会历史的运动和发展过程，坚持认识论的实践标准、历史观的生产力标准和价值观的人民利益标准，反对任何一切形式的主

观主义。

第二，主体性原则。马克思主义的主体性原则就是承认、重视并坚持主体在实践和认识活动中的地位和作用。从人自身的求真、求善、求美等内在要求出发，全面认识和评价社会历史客体，从人的需求和目的出发，能动地创造和建构起社会历史发展的未来理想图景，在真理认识、功能评价和审美追求的统一中把握人在社会认识中的自觉能动性。特别要着力揭示人民群众创造历史的伟大作用，为人民群众改造世界提供强大的精神动力和理论指导，坚持群众史观，反对英雄史观。

第三，系统性原则。正确认识自然与社会的关系，把对社会的研究纳入"自然—社会"的大系统中，以整体的、联系的方式加以考察，赋予社会认识活动宏观的历史背景；正确认识个人与社会的关系，以现实的、活动着的个人作为出发点，去把握社会的总体运动和结构，让个体与群体联系起来；把各种分散的、零碎的社会现象看作社会总体运动的有机组成部分，在各种社会要素的有序联系中揭示社会有机体的内在组织结构，特别要着力揭示生产方式在社会系统演变中的决定作用，坚持生产力标准，坚持历史唯物主义，反对历史唯心主义。

第四，具体性原则。具体问题具体分析是马克思主义活的灵魂。坚持具体地看问题，反对抽象地看问题。分析任何一个社会问题，都要把它放在一定的历史环境中，对任何社会现象，都应当从空间范围、时间特性、其内在性质等方面进行具体的考察，做出定性、定量和定时的分析与判断，从与其他事物的各种联系中具体了解和掌握特定的社会事件。

第五，发展性原则。事物作为过程而存在，每一事物都有其发生、发展、灭亡的历史。研究社会现象必须坚持发展的原则，再现社会现象的过程及本质。既要重视对社会系统进行稳态研究，又要重视对社会系统进行动态研究。以对现实的把握为基点，去回溯社会发展的历史、展望社会发展的未来。坚持用发展的观点看问题，反对用静止的观点看问题。

四、立足实践需要研究社会科学

社会科学研究要有强烈的问题意识，实践的需要既是理论研究的出发点，又是理论研究的归宿。

理论能够指导实践，回答实践提出的种种问题。社会科学工作者必须把实践的需要作为自己研究的出发点，不能就理论研究理论。毛主席曾经说过："社会科学研究专从书本子里面讨生活是危险的。"

立足于实践的需要研究理论，要求理论工作者必须满腔热情地投入生活，始终与人民同呼吸、共命运、心连心，真正了解实践的需要、时代的走向和人民的愿望，具有强烈的历史使命感和责任感，勇于立足历史潮头，引领时代发展和进步，埋头苦干，脚踏实地，唯有如此，才能充分发挥社会科学在社会发展中的先导作用。

五、利益矛盾与利益分析方法

追求物质利益是社会发展的内在动力和原始动因。利益是历史唯物主义重要的范畴，社会发展以利益为基础、前提和动因。利益是思想的基础，利益决定思想。利益是行为的基础，利益支配行为。

"人们奋斗所争取的一切，都同他们的利益有关""把他们连接起来的唯一纽带是自然的必然性，是需要和私人利益""为了生活，首先就需要吃喝住穿以及其他一些东西。因此第一个历史活动就是生产满足这些需要的资料，即生产物质生活本身"。

要想抓住问题和矛盾的根本，就要运用马克思主义的利益观点和利益矛盾学说，来思考、分析和解决相关的社会矛盾和社会问题，运用利益分析方法分析现实矛盾和问题。

马克思主义的利益分析方法要求人们科学分析各个社会主体思想行为背后的利益动因，分析各种社会现象之间的利益关联，分析不同社会群体的利益倾向、利益关切和利益诉求，分析不同社会利益集团或群体的形成过程、经济地位、政治主张、力量对比以及变化趋势等。在此基础上，建立和完善利益评判机制、利益表达机制、利益协调机制、利益补偿机制，以有效解决各种利益矛盾和利益冲突，建设和谐社会，促进社会进步。

利益问题是人类生存与发展的永恒主题，利益关系和利益矛盾始终伴随人类社会。在社会主义社会，根本利益一致基础上的各种局部利益矛盾、暂时利益矛盾仍然存在，利益关系仍然深刻影响着人们对待事物的立场、观点和态度，利益分析方法仍然是认识和解决各种社会矛盾的基本方法。

运用马克思主义的利益矛盾学说和利益分析方法进行社会科学研究，就是在设计研究、提出问题、论证问题和解决问题的过程中，重视分析利益关系，用利益关系处理和解释研究中出现的各种问题。

六、社会主体研究方法

社会历史是作为社会主体的人的活动的历史。研究社会历史，必须以"现实的人"为出发点，深刻理解人的活动与社会发展规律的关系，深刻理解人的发展、社会共同体的演进与社会进步的关系，充分认识人民群众创造历史的决定性作用，坚持群众史观，反对英雄史观和唯心史观。

七、社会科学研究要坚持以人民为中心的 价值立场和研究方法

社会科学研究要坚持以人民为中心的价值立场。社会科学研究的重要特点是价值关联，不存在绝对的价值中立。在社会科学研究中，坚持客观性原则与坚持以人民为中心的观点是一致的。今天，中国人民追求美好生活的愿望，世界人民共建人类命运共

同体的期盼，是社会科学学术评价的最高标准。

八、社会评价及其标准

（一）社会进步的评价

社会评价具有多方面的要求和角度，但从根本上说是关于社会进步与否的评价。马克思主义认为，社会进步是社会实践基础上的科学性和价值性的统一。科学性主要指生产力的发展，价值性主要指最广大人民利益的实现，这两个维度的进步就是社会的进步。

（二）社会生产力是社会评价的根本标准

人类靠自身的能力特别是社会生产能力生存和发展。社会生产力是人类社会实践的集中体现，是人类自己最大的财富，也是构成社会的物质基础。社会生产力的发展是社会进步的最核心内容，也是社会评价的最根本标准。

社会生产力是可以测量或衡量的客观力量，是最基础的社会事实。评价各种社会现象，评价社会制度和政策，评价一定政党和社会团体的主张及行动的历史作用，都应当把社会生产力放在基础地位，作为根本标准，看他们的主张与作为是否能促进社会生产力的发展，是否有利于社会生产力的解放和进步。

（三）人民利益是社会评价的最高标准

有利于发展社会生产力，有利于提高人民的生活水平，就是有利于社会进步和人的自由全面发展。社会生产力是一切社会进步的前提性、先决性条件，社会生产力是社会评价的根本标准。人民是社会发展和价值评价的目的，人民利益是社会评价的最高标准。

参考书目

1. 教育部高等教育司组编、欧阳康、张明仓著：《社会科学研究方法》，高等教育出版社 2001 年版。

2. 伯克·约翰逊（Burke Johnson），拉里·克里斯滕森（Larry Christensen），马健生等译：《教育研究：定量、定性和混合方法》，重庆大学出版社 2015 年版。

3. 杜晖等编著：《研究方法论——本科、硕士、博士生研究指南》，电子工业出版社 2010 年版。

4. 林聚任、刘玉安主编：《社会科学研究方法》，山东人民出版社 2004 年版。

5. 李志、潘丽霞主编：《社会科学研究方法导论》，重庆大学出版社 2012 年版。

6. 朱红文：《社会科学方法》，科学出版社 2002 年版。

7. 艾尔·巴比（Earl Babbie）著，邱泽奇译：《社会研究方法（第十一版）》，华夏出版社 2009 年版。

8. 仇立平：《社会研究方法（第 2 版）》，重庆大学出版社

2015 年版。

9. 袁方主编：《社会研究方法教程（重排本）》，北京大学出版社 2013 年版。

10. 戴维（David，M.）、萨顿（Sutton，C.D.）著，陆汉文等译：《社会研究方法基础》，高等教育出版社 2008 年版。

11. 王永起：《社会学研究方法新探》，中国书籍出版社 2016 年版。

12. 尼尔·J. 萨尔金德（Neil J. Salkind）著，赵文、李超译：《社会科学研究方法 100 问》，北京大学出版社 2014 年版。

13. 荆玲玲主编：《社会研究方法》，哈尔滨工程大学出版社 2016 年版。

14. 许红梅、宋远航编著：《教育科学研究方法原理与应用》，黑龙江教育出版社 2007 年版。

15. 刘大椿、潘睿：《范例研究：科学大师与创新方法》，中国科学技术出版社 2012 年版。

16. 教育部高等教育司组编，刘大椿、万重英著：《发现与创新之路——科学技术的研究方法》，华中理工大学出版社 2000 年版。

17. 杨学儒、董保宝、叶文平主编：《管理学研究方法与论文写作》，机械工业出版社 2019 年版。

18. 哈里斯·库珀（Harris Cooper）著，李超平、张昱城等译：《元分析研究方法（第 5 版）》，中国人民大学出版社 2020 年版。

19. 风笑天：《社会研究方法（第五版）》，中国人民大学出版社 2018 年版。

20. 瞿海源等主编：《社会及行为科学研究法（一）总论与量化研究法》，社会科学文献出版社 2013 年版。

21. 舒华、张亚旭：《心理学研究方法：实验设计和数据分析》，人民教育出版社 2008 年版。

22. 约翰·W. 克雷斯维尔（JohnW.Creswell），薇姬·L. 查克（Vicki L.Clark）著，游宇、陈福平译，黄一凡、游宇校：《混合方法研究：设计与实施》（原书第 2 版），重庆大学出版社 2017 年版。

23. 周新年编著：《科学研究方法与学术论文写作》（第二版），科学出版社 2019 年版。

24.《体育科学研究方法》编写组编：《体育科学研究方法：体育教育、运动训练方向》，北京体育大学出版社 2014 年版。

25. 罗伯特·K. 殷（Robert K.Yin）著，周海涛、史少杰译：《案例研究：设计与方法》（原书第 5 版），重庆大学出版社 2017 年版。

26. 米歇尔·刘易斯－贝克（Michael S.Lewis-Beck）、艾伦·布里曼（Alan Bryman）、廖福挺（Tim Futing Liao）主编，沈崇麟等主译：《社会科学研究方法百科全书（第三卷）》，重庆大学出版社 2017 年版。

27. 邓树明：《传播研究方法与论文写作：对 180 篇文章的观察》，中国人民大学出版社 2021 年版。

28. 本书编写组：《马克思主义与社会科学方法论》（2018 年

版），高等教育出版社 2018 年版。

29. 波林・罗斯诺（Pauline Marie Rosenau）著，张国清译：《后现代主义与社会科学》，上海译文出版社 1998 年版。

30. 杜威著，许崇清译：《哲学的改造》，商务印书馆 1958 年版。

31.E. 迪尔凯姆著，狄玉明译：《社会学方法的准则》，商务印书馆 1995 年版。

32. 马克思・韦伯著，韩水法、莫茜译：《社会科学方法论》，商务印书馆 2013 年版。

33. 萨米尔・奥卡沙著，韩广忠译：《科学哲学》，译林出版社 2013 年版。

34. 克里斯・阿吉里斯（Chris Argyris）、罗伯特・帕特南（Robert Putnam）、戴安娜・史密斯（Diana Smith）著，夏林清译：《行动科学：探究与介入的概念、方法与技能》，北京师范大学出版社 2021 年版。

35. 王彦君主编：《批判性思维》，高等教育出版社 2020 年版。

36. 保罗・利科尔著，陶远华等译，曲炜等校：《解释学与人文科学》，河北人民出版社 1987 年版。

37. 保罗・利科主编，李幼蒸、徐奕春译：《哲学主要趋向》，商务印书馆 2004 年版。

38. 拉德克利夫 – 布朗（A.R.Radcliffe–Brown）著，夏建中译：《社会人类学方法》，华夏出版社 2002 年版。

39. H. 李凯尔特著，李超杰译：《文化科学和自然科学》，商务印书馆 2020 年版。

40. 理查德·保罗（Richard Paul）、琳达·埃尔德（Linda Elder）著，侯玉波、姜佟琳等译：《批判性思维工具》（原书第 3 版），机械工业出版社 2020 年版。

41. 理查德·保罗 (Richard Paul)、琳达·埃尔德（Linda Elder）著，焦方芳译：《批判性思维：反盲从，做聪明的思考者》，人民邮电出版社 2021 年版。

42. 谷振诣、刘壮虎：《批判性思维教程》，北京大学出版社 2006 年版。

43. 布鲁克·诺埃尔·摩尔（Brooke Noel Moore）、理查德·帕克 (Richard Parker) 著，朱素梅译：《批判性思维》，机械工业出版社 2020 年版。

44. 朱迪丝·博斯著，岳盈盈、翟继强译：《独立思考：日常生活中的批判性思维》（第 2 版），商务印书馆 2016 年版。

45. 琳达·埃尔德（Linda Elder）、理查德·保罗（Richard Paul）著，冯涛、任倩译，王晓红审校：《什么是批判性思维》，外语教学与研究出版社 2021 年版。

46. 杨武金主编：《逻辑与批判性思维》，中国人民大学出版社 2020 年版。

47. 格雷戈里·巴沙姆等著，舒静译：《批判性思维》（原书第 5 版），外语教学与研究出版社 2019 年版。

48. 杰罗姆·凯根（Jerome Kagan）著，王加丰、宋严萍译：

《三种文化：21 世纪的自然科学、社会科学和人文科学》，格致出版社、上海人民出版社 2014 年版。

49. 伊姆雷·拉卡托斯、艾兰·马斯格雷夫著，周寄中译：《批判与知识的增长》，华夏出版社 1987 年版。

50. 索尔卡等著，蔡仲、邢冬梅等译：《"索卡尔事件"与科学大战——后现代视野中的科学与人文的冲突》，南京大学出版社 2002 年版。